W0214615

Quin curs, el meu tercer!

Oriol Vergés

Gran Angular

editorial cruïlla

Primera edició: març de 1986
Segona edició: octubre de 1987
Tercera edició: maig de 1988
Quarta edició: octubre de 1989
Cinquena edició: abril de 1990
Sisena edició: novembre de 1990
Setena edició: juliol de 1991
Vuitena edició: març de 1992
Novena edició: octubre de 1992
Desena edició: novembre de 1993
Onzena edició: novembre de 1994
Dotzena edició: setembre de 1995
Tretzena edició: novembre de 1996
Catorzena edició: juliol de 1998
Quinzena edició: març de 1999
Setzena edició: abril de 2000

Direcció literària: *Montse Ingla Mas*
Fotografia de la coberta: *José Manuel Navia*
Disseny de la coberta: *Estudi SM*

© 1986, Oriol Vergés i Mundó
© 1986, Editorial Cruïlla
Balmes, 245 - 08006 Barcelona
editorial@cruilla.com

Comercialitza: CESMA, SA
Catalunya i Balears: Sant Boi de Llobregat,
tel. 93 630 84 00
fax 93 630 87 50
C. Valenciana: València, tel. 96 349 80 87
fax 96 347 48 36

ISBN: 84-7629-078-0
DL: M-14.929-2000
Imprès a Espanya / *Printed in Spain*
Impremta SM

No és permesa la reproducció total o parcial d'aquest llibre, ni el seu tractament informàtic, ni la seva transmissió a través de qualsevol mitjà, bé sigui electrònic, mecànic, per fotocòpia, per enregistrament o d'altres mètodes, sense el permís previ i per escrit dels titulars del copyright.

Als nois i a les noies de l'«Ausiàs»

1

SEMPRE HE CREGUT que el mes de novembre és un mes poc definit en el calendari, almenys en el calendari escolar que és el que m'obligava a mi a viure cada dia les grans o petites coses de l'Institut i els esdeveniments familiars... Vaja, aquest inici m'ha sortit força literari. Si en «Foques» el llegís, i potser algun dia el llegirà, n'estaria satisfet.

En «Foques» era, i encara és, el professor de català de l'Institut i va donar la coincidència que el vaig tenir a primer, a segon i a tercer curs, l'any en què passen els fets que vull narrar. Ell va aconseguir que m'agradés escriure i que hagi redactat aquests fulls amb allò que m'ha afectat de debò.

—Mira, Pere, si escrius allò que t'amoïna o allò que creus important descarregaràs les teves «neures» en el paper i et sentiràs molt alleugerit, més tranquil... I al cap d'un temps quan rellegeixis el que has escrit veuràs que els problemes s'han desinflat, alguns fins i tot et semblaran ridículs...

Pel que fa a trobar-me millor escrivint les meves vivències li dono tota la raó. Però dels problemes, del meu gran problema no sé pas què dir, ara hi ha dies que el veig petit i altres vegades encara em sembla un pes que mai més no em trauré de sobre. O bé penso que el que m'ha succeït ha passat a altra gent, als disset anys, i s'han organitzat la pròpia vida o bé crec que sempre em recordaré de l'assumpte de la mare i el pare.

És clar que el meu problema no va ser, no és —no sé pas si escriure en passat o en present— culpa d'en «Foques», al contrari, ell em va ajudar molt, amb aquell somriure camuflat sota el mostatxo, d'aquí li ve el malnom i la manera que té de dir les coses com si tinguessin menys importància de la que tu els dónes. Parlar amb en «Foques» tranquil·litza i anima, i sempre té al seminari de català una estona per dedicar-te. Si allò que diuen que un professor ha de ser un amic no és una ficció literària, ell ho compleix, o, almenys, és una de les excepcions que confirmen la regla.

El meu tercer curs de batxillerat havia començat sense gaires novetats. La més important era que havien repintat tot l'Institut i havien col·locat plantes als replans de l'escala. Tot plegat no aconseguia canviar gaire l'ambient de resignació que a mi em va semblar que surava a la casa i que em va acompanyar tot el curs, tan diferent de l'aire alegre que jo respirava en els meus cursos anteriors. L'any passat, els llargs passadissos on cada hora desemboquen la gent de les aules, em semblaven tristos, potser no tant, però vaja, com els de la Model que es veuen per la «tele». I per què he escrit la Model?...

El dia tres d'octubre, després d'un cap de setmana, el director, el senyor Vallespir de «mates», ens va donar la benvinguda, d'una manera protocol·làrin i pomposa, segons era el seu estil. És curiós que els de física i els de «mates» encara conserven entre nosaltres, el «senyor». Segurament deu ser perquè són temibles en el moment de qualificar i més val estar-hi de bones. Recordo que el «dire» ens deia, quan ens havíem reunit els grans, els de tercer i els de COU a la sala del teatre:

—Vosaltres sou, estimats alumnes, l'exemple per als dels cursos inferiors que s'emmirallen en la vostra actuació. Ja heu vist que hem repintat l'Institut bo i fent un esforç amb el poc pressupost que ens donen les autoritats acadèmiques...

—Si no hi ha peles que no obri, i tots tan contents! —féu en Gòmez a la fila del darrere.

—I us haureu adonat, també, que hem posat plantes a l'escala, ja que els meus companys del claustre de professors i jo crèiem que la ciència no està renyida amb la bellesa i aquesta ornamentació farà l'ambient acadèmic més agradable...

—Jo li gravaré el logaritme de pi a les fulles —interrompia la Mònica al meu costat.

—No siguis bèstia que li agafarà un infart i se'ns quedarà a la pissarra com un bacallà —replicava en «Bufa», en Bofarull, naturalment, que des del dia de la matrícula, i tots ens n'havíem adonat, no deixava la Mònica de petja.

I les famoses plantes van viure sense pena ni glòria. No sofriren inscripcions ni excessives sotraguejades, més aviat per una falta d'aigua, sobretot quan va fracassar el pla de regadiu ideat per la de ciències naturals que és excel·lent professora i una bellíssima persona instal·lada en un món ideal i llunyà. Dos cops la setmana i per rigorós ordre de cursos, les havíem de regar i així es va fer durant el primer trimestre fins que les inundacions dels passadissos, on es podia practicar «surf», ho van desaconsellar.

El mes d'octubre, dintre de les aules, fa de bon passar, almenys per a mi que no he estat un estudiant brillant. Bé, més de dues assignatures penjades no m'han quedat mai i aquest curs em vaig interessar de debò per la biologia. I per la filosofia, Déu n'hi do, gràcies a l'«Exprés», que era el «profe» puntual com un tren suís, a l'hora de començar i d'acabar la classe i que treia força suc de l'assignatura.

L'inici de curs, a més, té la sorpresa d'algun professor i algun company nous, amb la conseqüent exploració de la seva manera de ser i els canvis corporals que hem experimentat nosaltres, els «profes» no, és clar. Les noies, sobretot. A part la morenor i els vestits escotats, que encara és fruit de l'estiu, el que és notable, de veritat, és el desenvolupament de les pitreres. En «Bufa», que quan vol en té de molt bones, abans d'acabar el curs havia fet una juguesca entre els de la colla sobre aquesta qüestió, a veure quina lluiria uns pits més ufanosos, i va guanyar, com era de preveure, la «Quirri». Va quedar segona la «Schuster», que continuava amb unes cames de campionat i la Mònica bastant ben situada, aquesta sense exagerar, però.

Aquell mes d'octubre a casa, al xamfrà del carrer de Mallorca amb el d'Aribau al pis on s'instal·laren els pares acabats de casar, tot em semblava igual. Com sempre quan tornàvem de fora, del Masnou, on els dies i les setmanes duraven i duraven, a vegades massa i tot, hi havia petites innovacions. Els pares, a l'estiu es quedaven a Barcelona i pujaven alguns vespres per anar a sopar amb els amics del Masnou o de revetlla per alguna de les festes majors del Maresme. Com que també es quedava a Barcelona la «Tata», la mare, malgrat que treballava, canviava alguns mobles de lloc i penjava i despenjava cortines. La «Tata» ha estat la que més ha patit amb tota la meva història, bé, la de la família. I ho comprenc perquè es veu que va entrar a servir a casa dels Molins, els avis, quan el pare va fer la primera comunió o sigui deu fer uns quaranta anys.

Al Masnou ens quedàvem la Mercè, la meva germana, i jo amb els avis Molins. Ens hi quedàvem, millor que ho digui en singular, m'hi quedava, ja que la Mercè no hi era mai.

—Tu només véns a casa perquè et rentem la roba... Ja quasi no et conec —li rondinava l'àvia, però amb aquella delicadesa amb què ella fa les coses.

L'avi no deia res, aixecava els ulls, mirava el mar, que es veu i no es veu lluny entre les cases altes que han construït darrerament i continuava amb la seva dèria dels «barquets» en miniatura. És un bon home i jo l'estimo força, vaja, com s'estima un avi als disset anys. No, més, el vaig arribar a estimar de debò...

—La teva afecció a fer barquetes deu venir de la minuciositat d'apuntar els números al llibre de caixa —li deia en broma el pare referint-se que l'avi havia estat caixer en una gran ferreteria de l'Eixample.

Ara que se m'acut aquesta dita repetida del pare, penso que ell no devia pas ser tan minuciós en l'assentament dels números de l'empresa de les tardes. I és que el pare treballa, millor dit treballava, a dos llocs, al matí en la sucursal principal d'un banc important i a la tarda o al vespre, perquè darrerament els feien treballar també les tardes al banc, portava la comptabilitat d'una casa d'importació de cotxes. O sigui que ell també és un home que sempre respirava xifres.

Els *abuelos* per part de la mare gairebé no els conec. Els he vist dues vegades que jo recordi. Quan van venir a Barcelona a la meva primera comunió i fa quatre anys, aquells mesos de juliol i agost que vam passar la mare, la Mercè i jo, a la seva finca prop d'Albacete i que per poc no ens florim de lepra de tan avorrit com era. La meva mare es diu Angustias de Cortazar y del Rincón, i malgrat que faci riure tot és un sol cognom, o sigui que a mi m'ha traspassat tot això i jo, Pere Molins de Cortazar y del Rincón he quedat ben servit.

La finca dels *abuelos* és gran i ara que hi planten tomàquets per a l'exportació, la de ciències hauria d'anar a veure els plans del regadiu, es veu que els va la mar de bé. A casa, no hem tocat mai ni un duro de la finca i aquesta és una de les causes del problema.

—La teva família mai no et perdonarà que t'hagis casat amb un català sense fortuna —li repetia el pare quan la mare s'engrescava amb desigs de canviar el cotxe, de comprar-se un abric de pell i altres «minúcies» de preu, com un apartament a la Costa Brava.

—La culpa no és pas d'ells... Si tu sabessis espavilar-te, rai —deia la mare—. Mira el teu cunyat. Té cinc anys menys que tu i ja és director d'una sucursal. En canvi tu, no arribaràs mai ni tan sols a apoderat.

Dóna la p...punyetera casualitat que l'oncle Enric és director d'una agència del mateix banc on treballa el pare i les comparacions, que sempre són odioses, en el nostre cas feien pudor. Pobre pare i com devia sofrir per dins. Callava, mai no el vaig sentir escridassar la mare i s'immergia... o se submergia?... en la lectura d'un catàleg de cotxes d'importació que era la seva gran afecció, és clar, que fos de l'abast de la butxaca...

Immergir o submergir, ho busco al Fabra que me l'he endut amb mi. Que content estaria en «Foques» si ho sabés.

—Nois, el Fabra és per consultar-lo... No mossega, no! —tal com solia dir.

La festa del Carnestoltes a l'Institut, en què tota la colla ens vam disfressar d'una pàgina del diccionari, a mi em va tocar la E, encara ho recordo, tota una tarda copiant en cartolines: esbafegar-se... Esbagotar... Esbajocar... I tots amb un Fabra damunt del cap. En «Foques» es va emocionar.

—Carat, carat... Quin esforç filològic! —repetia, i tots ens trencàvem de riure quan davant de la pitrera de la «Quirri», que partia la paraula muntanyenc, va i engega: «A més, la topografia no està renyida amb la llengua, una vall divideix les muntanyes»...

A l'Institut he passat estones molt bones, les coses com siguin. A veure... Immergible... Immergent... Immergir. Submergibilitat... Submergible... Submergir... Ara resulta que volen dir el mateix!

A mi les llengües m'agraden i tinc facilitat per aprendre-les. El català no cal dir, ja que sóc nacionalista fins al moll de l'os i, a vegades, segons el que fa el govern de Madrid i com reacciona l'autonòmic em sento més que nacionalista. Passo temporades que m'indignen tantes putades com ens fan i llavors vénen les interminables discussions amb en Gòmez i la Mònica, ella a favor meu.

A casa, la llengua familiar és el català, però hi ha un cas de «disglòtica» ...O disglòsia, em sembla que es diu. Els pares ens parlen en català, tots dos, la mare també, però ell parla en castellà a ella i la mare quan s'enfada, vaja, quan discuteixen, les hi engalta en català. La mare s'ha adaptat a la vida d'aquí i s'ha de reconèixer que li devia costar. De ser una «niña bien de un hacendado» a la dona d'un empleat de banca suposo que hi ha una bona diferència. Parlant de llengües hi ha dies que a en «Foques» li agafa el pessimisme, pel que fa al català, naturalment:

—Alguns creuen que en les condicions actuals d'aquí a vint anys el català serà un idioma fòssil. El professor Aracil ho ha estudiat a fons.

—«Tio», una assignatura de menys! —que fa en veu alta en Gòmez i va ser una de les poques vegades que vaig veure en Puig, vaja, en «Foques» enfadat de debò.

I a mi també em sabria greu que desaparegués el català. Jo sóc dels qui creuen en la frontera a l'Ebre, almenys per a la llengua. El que diguem «tio» i «vale» és una altra de les coses que emprenyen en «Foques».

—«Tio», «tio» ...Aquest és un castellanisme indecent. Per què no empreu expressions catalanes? ...«Xava!» ...Pinxo!... —i alguna altra que no recordo. A mi, Pinxo no m'agrada perquè és el nom del gat de casa, un siamès de pèl torrat i orelles negres que estimo molt... Què deu fer a casa dels avis? Pobre Pinxo, ell que em va fer tanta companyia, encara que sembli estrany...

—«Vale», «vale» ...Digueu d'acord, carat! Que no costa pas tant. —I des d'aquell dia la Montse, que s'atabala i es posa vermella quan ha de parlar davant de tots, digué: «D'acord, vale?»— El pobre «Foques» estava més negre que un *conguito*...

2

COM DEIA ABANS, va ser el novembre que em vaig adonar que alguna cosa no rutllava a casa. Me n'hauria d'haver adonat abans, però tot seguia el seu ritme d'altres cursos. Em llevava a un quart de vuit cagant presses per ser a l'Institut a les vuit.

—Avui tampoc no et prendràs el cafè amb llet?... Almenys no et descuidis l'entrepà! —rondinava la «Tata» que semblava despertar-se ja amb el seu benèvol malhumor.

Les disputes per a ocupar els dos banys eren quotidianes i adquirien uns graus de certa virulència entre la Mercè i jo. La meva germana estudiava primer de medicina, vaja segon de primer, perquè en vistes del desastre repetia el curs.

—Dubto que mai arribis a aprovar. Fes el favor de centrar-te o posa't a treballar —repetia el pare, els dies que coincidíem tots a l'hora de sopar—. Al preu que s'han posat les matrícules i tu perdent el temps!...

De totes maneres el pare havia canviat molt. Ara ho veig ben clar. No solament deixava fer a la Mercè el que volia sinó que, a poc a poc, l'ambient de la casa li queia al damunt. Al llarg del curs vaig observar que no discutia per res i que s'anava quedant tancat dintre d'una closca aïllant quan els diumenges a la tarda seia a la seva butaca i veia la televisió amb un diari entre les mans.

Fins i tot vaig notar, malgrat que jo mai no he estat un gran observador, que el pare havia envellit molt de pressa. Els cabells se li emblanquien i li penjaven unes bosses moradenques sota els ulls i quan caminava arrossegava feixugament els peus com si les cames no poguessin arrossegar la seva corpulenta complexió.

La mare es llevava a les deu i es passava ben bé una hora a la cambra de bany. La «Tata», les tardes que planxava i jo m'arrossegava pel pis quan m'aixecava d'estudiar, em repetia:

—La teva mare de jove era molt maca, l'haguessis vista, Pere... Era com la teva germana, els ulls negres i els llavis molt grossos. Llavors se'ls pintava d'un vermell fort... Era la moda, saps?... Ara, li comencen a sortir aquelles arruguetes al voltant de l'ull... Com en diuen?... Potes de gall... Saps, Pere? Quan una dona ha estat bonica li costa molt fer-se a la idea que el temps passa... I la teva mare ja té quaranta-cinc anys.

Jo em mirava la «Tata», que en veritat es deia Remei, i pensava que en altre temps els cabells grisos devien haver estat negres o castanys i els ullets cansats devien haver brillat amb il·lusió.

—La teva mare em fa patir molt, no sé pas què li passa...

Patir? Per què? Vivia com volia, pensava jo, llavors. Amb una amiga seva havien muntat una botiga de robes de moda, d'edredons, sacs de dormir —però no per anar d'excursió, sinó per als llits, que en va omplir tota la casa... I la calor que fan!—, bosses amb dibuixets i altres... Anava a escriure beneiteries. És que em fa malícia perquè la botiga va ser el començament de tot. Alguns dies dinava a casa i quan ho feia no coincidia mai amb el pare, que, pobre home, menjava en una esgarrapada, quan tornava del Banc per a anar a la feina de la tarda, la casa de cotxes d'importació. Jo, llavors, estava convençut que el pare treballava molt, massa, i això el feia estar trist i fumut.

Jo estudiava una estona en sortir de l'Institut. Els problemes de «mates» i la física s'havien de portar al dia, no s'hi podia pas fer bromes i també feia sessió de colzes en temps d'avaluacions. Si no, anava a jugar a tennis amb en «Bufa» o a donar un vol amb algú de la colla del Masnou. Quan em va agafar la guilladura per la Mònica va ser diferent. Vaig estar ben «colat» per ella...

A la meva cambra, m'hi trobava la mar de bé. Aquell llit de fusta blanca que feia joc amb l'armari i les cortines de quadrets escocesos m'eren tan familiars! I l'aparell de *cassettes* estèreo on jo posava la meva música i que provocava els crits de la «Tata», era un element indispensable en el meu món.

—Pere, afluixa això, que no es pot viure en aquesta casa!...

Em semblava que no podria pas viure en un altre ambient i ara, té, tot ha canviat. Però, certament és veritat allò que diuen que l'home és un animal de costums i que s'adapta a tot.

Devia ser cap a la meitat de novembre. Sí, era

a mig mes perquè em vaig quedar diverses tardes a casa preparant la primera avaluació de «mates». Recordo que teníem molta matèria, el senyor Vallespir corria molt i donava molts problemes per sabuts, massa, ja que això em desorientava. Estava cansat d'estudiar i des dels vidres del balcó veia la bonança de la tardor, d'un d'aquells estiuets de sant... Martí? O no? Vaja, el cel era blau, els plàtans encara conservaven les fulles i la gent caminava a poc a poc com si volgués assaborir els darrers dies tardorencs abans dels freds de l'hivern... Rodó, oi, «Foques»? Un dia t'ho hauré d'ensenyar...

—«Tata» me'n vaig... Si telefona en «Bufa» pregunta-li si li ha sortit el tercer problema. Al vespre li trucaré...

—Sortir, sortir... Ningú no es queda a casa, tot el dia al carrer... Ves que no et passi com a la Mercè que sempre ho suspèn tot!...

—Tranquil·la, «Tata», tranquil·la, que el teu Pere, en té, d'aquí —i li vaig fer un petó, que era la manera de desarmar-la, mentre em tocava el front.

D'esma vaig pujar en un dels autobusos de la Diagonal i vaig baixar a la plaça de Francesc Macià. Trencava pels carrers, força tranquils a les set del capvespre prop de l'església rodona, i em vaig trobar a la botiga de la mare. Hi havia estat un parell de cops i cada vegada m'havia semblat que hi devien perdre diners ja que mai no hi havia ningú. És clar que el soci capitalista era l'amiga i la meva mare tenia cura d'escollir el gènere i semblava que la marxa del negoci no la preocupava pas gaire.

La mare estava dreta, recolzada al taulell i no em va veure entrar. En una cadira seia un home, d'uns trenta anys, que treia unes peces, em sembla que eren edredons, d'una bossa d'esport. Ell vestia esportivament i em va fer l'efecte que estava molt bru per ser ja el mes de novembre. Cap dels dos no em va veure, més ben dit, és que no vaig entrar, potser per timidesa o vés a saber per què, i em vaig quedar un moment al carrer davant de l'aparador. L'home s'alçava i seia tot traient la roba de la bossa. Quan estava dret mostrava el que duia a la mare i li deia quelcom a l'orella. Ella reia i li clavava uns copets al braç mentre ell hi tornava. La mare estava una mica vermella o potser era el maquillatge o la il·luminació de la botiga i d'ell recordo que lluïa unes dents molt blanques, com d'anunci d'un dentifrici. Per fi vaig decidir-me a entrar. Tots dos van quedar sorpresos. Ell va fer un bot separant-se de la mare.

—Ah, Pere... Ets tu? —i parlant molt de pressa engegà:— Et presento el senyor Valls, és el representant de la casa... —no sé quin nom va dir—. Fan aquests edredons tan bonics. M'ensenyava les novetats de la temporada que han tret una mica tard, oi?... T'agraden?...

—Sí, sí, estan bé...

—Senyor Valls, és el meu fill, Pere...

—Què tal «tio» com et va el «rotllo»? —féu ell amb ganes de fer-se el simpàtic i el modern mentre em clavava un cop a l'espatlla.

—Bé, bé, em va bé... —jo no sabia pas què fer. De primer cop d'ull aquell representant o el que fos m'havia caigut malament.

—I doncs? Què fas per aquí?...

—És que feia estona que estudiava i ja n'estava fart. He anat a fer un vol.

—T'agraden? —va repetir la mare mentre remenava la roba i com si no em mirés—. En portaré a casa, saps?... Escolta, Pere, aquesta nit no vindré a sopar... Haig d'anar amb la Cati... Saps, la Cati? Per a preparar... la festa del tennis...

—Ah...

—Ja li ho diràs al pare, oi?...

I a mi, que per aquestes coses sóc despistat, em va semblar que m'empenyia cap a la porta. O almenys m'ho sembla ara.

—Ei, «tio» molt de gust, eh? i que «empollis» molt. —I el senyor Valls m'acomiadava amb un altre copet a l'espatlla.

De tornada, a l'autobús, sentia com un mal gust de boca, com si la mare i el representant fessin una comèdia, de les de la «tele». No en vaig fer cas i em vaig posar a pensar en el carregós tercer problema. «És clar, és clar, és clar, si derivem aquella funció... Ja ho tinc!...»

A l'hora de sopar sèiem a taula, el pare, la Mercè i jo. Ningú no parlava, tal com era habitual a casa d'un temps ençà. Per la «tele» donaven les notícies. Mirava de reüll aquells camps ressecs de l'Iraq per on avançaven els tancs amb les cadenes de les rodes a dos pams dels cadàvers dels soldats panxa enlaire i amb el fusell a la mà.

—Òndia, pobra gent! Com que passa lluny d'aquí no en fem cap cas d'aquest merder —vaig dir.

La Mercè va alçar els ulls del plat i em va mirar amb estranyesa. Va cridar:

—«Tata» que em portes la truita?... Corre que haig de sortir. Mira el filòsof, pensa i tot!

La «Tata», rondinant, va portar la truita a la Mercè i al pare i a mi una vedella amb pèsols la mar de bona. En sabia, de cuinar, la dona. Aquesta era una de les altres coses del meu món i també em semblava que no podria acostumar-me a una altra mena de menjar. I ara, ves, vinga llet, mantega i ous i, tant se val, també es viu... És clar que també menjo aquells *steaks,* aquells enormes trossos de carn que em tornen boig.

—Han quedat de l'hora de dinar —i amb una mala mirada a la Mercè li engegà:— si t'aprimes et posaràs malalta... Tu i el teu règim!

Vam continuar en silenci mentre la «tele» oferia unes imatges del Salvador, quasi exactes a les d'abans, però amb els tancs avançant per la selva... Selva?... Vaja, per un bosc molt espès. Va sonar el telèfon a la cambra on treballava el pare, en la qual tenia els papers de la feina que alguns dies s'emportava a casa.

—Que hi pots anar, Pere? Jo no puc deixar el foc...

Era la Cati que preguntava si la mare era a casa.

—M'ha dit que anava a sopar amb tu...

—Ai, que beneita que sóc, ja no me'n recordava. No sé pas on tinc el cap amb tot això de la festa del tennis...

Jo vaig callar que mai no sabia on tenia el cap, amb festa o sense festa. Per mi la Cati, l'amiga íntima de la mare, sempre havia estat una perfecta estúpida integral.

—Qui era —demanà el pare.

—La ximple de la Cati que no es recordava que havia d'anar a sopar amb la mare...

Ell em va mirar i jo diria que va arrufar el nas i va fer una ganyota amb les celles. Vam continuar en silenci una bona estona.

—Quins cotxes importeu ara? —vaig preguntar al pare per dir quelcom. Sabia que si encetava aquest tema el pare trencaria el seu mutisme.

—Anem darrere d'uns Toiotes, semiesportius, que gasten amb comptagotes i que són una meravella de tècnica... —I durant tres minuts en va fer l'elogi. A mi, m'era ben igual que fossin una meravella o una cafetera, però al pare l'entusiasmaven. Aquella dèria pels cotxes que mai no es podria comprar amb els seus dos sous!...

—Si aconsegueixo aquesta importació serà un triomf personal meu. No solament dintre de l'empresa sinó també davant dels meus amics, de la gent del club de tennis... Perquè, saps, Pere?...

Jo no deia res. No volia tallar aquelles confidències del pare que feia tant de temps que no trencava el seu mutisme envers mi.

—En aquest negoci, hi aniré, si tot surt bé a comissió... I no et creguis que sigui poca cosa, no, es tracta de molts diners, Pere. —Gairebé estava estranyat que m'expliqués tantes coses i que parlés tanta estona—. De milions, noi... Si em surt bé, creu-me, serà un triomf per a mi, l'operació de la meva vida...

Des de la porta del pis, la Mercè cridava:

—Adéu, bona nit!... Me'n vaig...

Després de sopar, el pare es quedà endormiscat

davant de la «tele» i jo vaig anar a la meva cambra a repassar les «mates». Vaig dormir malament, inquiet, em despertava sovint i no pas per l'escena de la botiga ni per la trucada de la Cati, a la qual llavors no vaig donar cap importància, sinó per la prova de l'endemà. Eren les tres tocades, o potser les quatre, que vaig sentir soroll. Era la mare que tornava i anava al lavabo.

De la primera prova de mates encara me'n vaig sortir prou bé. Dels cinc problemes en vaig clavar dos i un el vaig plantejar, però em vaig equivocar en resoldre'l. En «Bufa» solia engegar la sentència:

—Segons el teorema de «Vallespirnoff», en matemàtiques és matemàticament impossible encertar tots els problemes de manera matemàtica...

Va ser també per aquestes dates de mitjan novembre que va començar el meu «rotllo» amb la Mònica. Però aquesta qüestió es mereix un punt i a part, o millor un altre capítol...

3

UNA «PROFE» D'HISTÒRIA que precisament nosaltres no teníem a tercer, s'havia entossudit d'anar a visitar les ruïnes d'Empúries.

—És la millor mostra d'una colònia grega conservada al Mediterrani —i aquesta lliçó se la sabia a cor què vols. És clar, després vam saber que durant la carrera havia excavat un estiu a la ciutat grega.

Jo, ja hi havia estat, anys enrere, quan el pare tenia més bon humor i sortíem tots junts, però aquest cop em va agradar per l'aspecte històric i perquè va començar el que jo creia que seria el gran amor de la meva vida.

En «Bufa» estava constipat i no va venir i sense jo buscar-ho em vaig trobar assegut a l'autocar al costat de la Mònica. Algú va fer una mica de brometa:

—Mireu en Molins, ha «birlat» el lloc a en «Bufa» i ell tan tranquil a casa ben abrigadet al llit.

—Oh, i tan tranquil com deu estar... Segur que li ha clavat un cinturó de castedat a la Mònica!...

Com que jo entre els companys tenia fama de

seriós i de no buscar raons, les rialletes es van acabar aviat i ningú no es va tornar a fixar en nosaltres durant l'excursió. I la Mònica parlava de mil coses diverses, però amb sentit. No era com la Maribí o la Fernàndez que solament parlen de jerseis, de discos o de nois *que quitan el hipo* i que les altres de la classe diuen que mai no han vist ni en pintura. No sé de què parlava, però recordo que m'interessava i quan els de darrere de l'autocar cantaven el *senyor conductor acelere* o el «Carrascal» feia cara d'empipada. Precisament ella va començar alguna cançó d'en Llach que va ser seguida amb més o menys fortuna.

La visita a les excavacions la fèiem en grups i escoltàvem les explicacions de la Valldaura, d'història, que tal com deia abans, d'Empúries en sap un niu... Gairebé fins a fer-se pesada, o sense el gairebé. Moltes vegades, sobretot a la ciutat romana, on has de caminar més i els grups es desfan, em vaig trobar al costat de la Mònica i, a partir de llavors, ja em vaig fer el trobadís. I sé que fa riure, però és ben cert, a tercer de batxillerat encara em costava una mica l'apropament a una noia. Ja sé que és qüestió de timidesa i que cadascú és com és. Jo em tornava una mica vermell, vaja m'hi torno, que a fi de comptes només ha passat un any... Ara que tot el que va succeir després m'ha fet perdre força timidesa, les coses com siguin.

A l'hora de dinar vam seure en tauletes petites perquè no n'hi havia de llargues en aquell restaurant una mica més avall de les excavacions. I érem en Vallès i la Rosi, la Mònica i jo, en un indret esplèndid des d'on vèiem una mar molt blava gairebé com si fos un dia d'estiu. En Vallès i la Rosi van junts des que feien primer curs, i fins i tot em sembla que ja es coneixien de l'escola d'EGB i fan el que fan tots els enamorats, de tant en tant es planten a riure, acosten les cares, es petonegen i fan manetes. Almenys, això és tot el que vèiem els companys i ja ningú no en fa cas, ja hi estem acostumats. Però el dia d'Empúries, recordo que em neguitejava tenir-los al davant i observar totes les seves gracietes.

La Mònica duia entrepans, en canvi a mi, la «Tata» m'havia fet una truita de dos pisos i unes croquetes petites i rodonetes i encara alguna altra llepolia. A més la «Tata», quan vaig d'excursió, vaja anava, sempre em posava molt de tot i, naturalment m'ho vaig partir amb la Mònica. Les croquetes l'entusiasmaven i reia cada cop que li'n col·locava una a la boca. De sobte em va dir:

—Pere, i tot aquest menjar tan exquisit no val res? I com t'ho pagaré jo? —i va i m'obsequia amb un llarg petó a cada galta.

Em vaig atabalar. Costa de creure, però era el primer cop que una noia em feia uns petons que no fossin de salutació. Al Masnou, a la colla anem nois i noies, evidentment; ara, jo no era amic d'anar a discoteques o a ballar, i em feien una mena de por les noies «carinyoses»... Ep! Això no es català... Les noies massa afectuoses. Fins i tot ara que hi penso, als altres, jo els podia semblar una mica estranyot.

—Òndia, Molins, t'has fumut vermell fins a les orelles! —va engegar en Vallès.

I la Mònica en veure la meva reacció va encetar un tema de conversa, no recordo quin, però sé que va desviar l'atenció dels companys. Havent dinat, els qui van voler van banyar-se, ja que quedaven un parell d'hores abans de reprendre la tornada. Res, només van fer-ho en Julio, en Valls i no recordo qui va ser l'altre per presumir davant dels altres. I la Trini que es va posar el bikini i no es va mullar gens ni mica. La resta ens vam asseure sota els pins o ens acostàvem a les roques i la tarda, tot sigui dit, era esplèndida, feia fresca però no bufava gens de tramuntana.

El temps va passar volant i em vaig trobar de nou a l'autocar, camí de Barcelona i amb la Mònica al seient del costat. Aquest cop va ser ella qui ho va buscar, ben cert. Mentre tots s'acomodaven es passejava amunt i avall del passadís, xerrant amb l'un i rient amb l'altre, fins que va dir alguna cosa a en Martí i aquest al cap d'un moment es va alçar i va seure al costat d'en Martínez, tres seients més enrere.

—Et faré nosa si sec aquí? —em va dir la Mònica passant al costat de la finestreta.

—No... No, és clar que no...

—És que a l'anada he estat molt bé al teu costat...

L'autocar es posà en marxa i els del darrere van començar amb molta fúria unes cançons grolleres, com deia la d'història al de francès, però, a poc a poc, i em sembla que sempre passa en totes les excursions de l'Institut, només en quedaven quatre que cantessin, després dos, i la coral va morir de mort natural. Els companys xerraven o pesaven figues clavant cops de cap contra el pit.

—*La gente empieza a mirar-se los «huesos»* —deia en aquestes ocasions en Pèrez, que tal com ell mateix repetia, era més bast que en Tarzan amb boina i «xiruques».

La Mònica quan feia uns deu minuts que l'autocar corria començà a fer capcinades i de sobte va recolzar el cap a la meva espatlla i la mà esquerra al meu genoll. Cada cop que l'autocar feia una sotragada o minorava la marxa movia una mica el cap i el decantava contra el meu pit. Potser he estat un innocentot, però era la primera vegada que una noia se'm repenjava. I que bé que estava jo! Em va envair un suau dolçor i una lleugera trempera molt diferent a la d'altres vegades. Vaig passar el meu braç dret per la seva espatlla, bo i mirant de reüll que ningú no s'hi fixés i amb la mà dreta vinga acaronar-li la galta i amb els dits li resseguia els llavis que ella movia sense adonar-se'n. La prova és que va dormir les dues hores que durà el viatge, o ho va fer veure, que a mi em va semblar curtíssim, i al cap d'un temps, en comentar-li, s'avergonyia, vaja, ara, amb més perspectiva puc dir que semblava que s'avergonyís. En arribar al pati de l'Institut va el de francès i diu amb tota la seva bonhomia:

—Els que somiaven amb els angelets ja es poden anar despertant...

Em va fer malícia, aquell home i que s'hagués acabat l'excursió. Però em va fer més ràbia el que em va engegar en Vendrell:

—Tranquil Molins, paraula que no ho xerraré a en «Bufa»...

—Vés a prendre pel sac, maco...

L'endemà era dissabte i no hi va haver res de nou. Quan em vaig llevar, cap a les deu, el pare ja era al Banc i la mare corria pel pis acabant-se d'empolainar.

—Ja ho he dit a la «Tata». Avui no vaig a la botiga, faig campana. Haig d'anar al club a preparar la festa i no vindré a dinar.

Em va estranyar que la mare anés vestida de manera força informal, vull dir, que no anés de vint-i-un botó per a anar al club ja que allà aquestes coses es miren molt. I no sé per què me'n vaig adonar, jo que sóc despreocupat en això del vestir per a mi i per als altres.

Vaig romancejar mig matí. El *cassette* que m'havia deixat en Vinyes era prou bo, tot i que a mi el *rock* dur no m'entusiasma, i em va servir de música de fons per a llegir la *Pilar Prim* de l'Oller que és un bon llibre, suposo, però que no s'acaba mai. En «Foques» sovint es «passa» en les lectures obligades, les coses com siguin.

Va entrar la Mercè per demanar-me una camisa meva, que per força li havia de tibar de la pitrera i li vaig respondre:

—Mmmm... —que tothom sap que vol dir que li deixo i que és el que es contesta quan una germana et demana una peça de vestir.

—Podries contestar, oi?... Tu també seràs de l'espècie d'homes més callats que un pal, com el pare... Quina gent més avorrida, els homes d'aquesta casa.

—Què tens contra el pare?

—Jo? Res, però s'ha de reconèixer que és un sòmines.

—El que passa és que calla, perquè té maldecaps... Doncs mira, que tu tampoc no xerres gaire, vaja, tu perquè només véns a dormir a casa... A dormir a les matinades... —vaig fer jo amb força mala llet ja que m'emprenyava que es fiqués amb el pare. Si era un home callat i amb cabòries jo creia llavors que era a causa de la feina, de les seves dues feines.

—Has de saber, «estimat germanet»... que me'n vaig a Andorra —deia amb un to sorneguer remarcant les paraules—. I que no vull consells tenyits de «moralina», saps?... I a més, per si no ho has endevinat hi vaig amb un noi...

—Mmmm —vaig fer tot coincidint amb el seu cop de porta en sortir de l'habitació.

L'entrada de la meva germana em va posar de malhumor. Ja no vaig llegir més. Les pàgines s'eternitzaven abans de girar-les i la música em feia mal a l'oïda. Ves per què havia de ser així la Mercè? Jo em considero modern, al dia, i admeto que tothom pot fer el que vulgui, tot i que jo sóc un babau innocent en la relació amb les noies... Però la Mercè ja passa de la ratlla! I la Mònica deu ser així?... Ahir a l'autocar dormia de veritat o fingia dormir i li agradava que l'acaronés?, pensava jo. I vinga donar-li voltes i més voltes... És clar, que entre marxar cada cap de setmana amb un noi diferent i les carícies a la Mònica hi ha diferència, a més la Mònica no tenia cap mala intenció... També és cert que la Mercè té, comptant els cursos que va repetir al batxillerat, vint-i-dos anys i la Mònica en deu tenir setze o disset...

Òndia, quin embolic mental m'anava fent i tot

just era el començament!... I el pare per què no li diu res? Pobre pare —i jo procurava justificar-lo— de cap a la feina i no pot pensar en res més. Prou que li deu costar de portar els diners a casa i és que la mare deu gastar molt en roba, calçat i capricis...

La mare... I de sobte em va entrar un neguit. Ha dit que anava al club, tant costa preparar la famosa festa? I tot el dia?... Vaig tancar la *cassette* i vaig llançar la *Pilar Prim* sobre el llit.

—«Tata» me'n vaig.

M'hi vaig apropar. Tenia els ulls humits, que s'eixugava amb la punta del davantal. Era una mica més baixa que jo i la vaig prendre per les espatlles.

—Què tens «Tata»?...

—No res, no res, de moment són coses meves... Espero que siguin ximpleries.

—Per què plores? Que tens la neboda malalta?

—La neboda casada a Calaf era l'única família que tenia, a part de nosaltres, com deia sovint.

—Res, Pere, veig coses que no m'agraden...

—Si no m'ho vols dir... Me'n vaig...

Veure la «Tata» plorant era una novetat. Rondinava sempre però mai no l'havia vista plorar i el fet em va amoïnar.

Al carrer plovisquejava i l'airet era fresc. El dia era tan tapat que des de la rambla de Catalunya no es veia el Tibidabo i el temps augmentava el meu neguit.

Al club, prop de la plaça de Santllehí, hi havia poca gent. Ningú no jugava al tennis i a la sala unes senyores feien una partida de *canasta*. Em vaig apropar a la Cati que em va semblar un d'aquells lloros que arrosseguen un patinet a Marineland, de tan pintada com anava.

—Hola Cati...

—Ah, ets tu, Pere? Quina alegria de veure't. —Jo ja sabia que em diria: «I com has crescut, ja ets tot un homenet».

I ho va dir sense aixecar els ulls de les cartes que tenia a les mans.

—Que has vist la mare?...

—No, em va dir que avui no vindria en tot el dia, perquè tenia molta feina a la botiga... Si vols veure en «Mochi» és a la sala de ping-pong...

En «Mochi» era la persona que en aquells moments tenia menys ganes de veure. En aquells moments i garebé mai. Era el fill de la Cati, em sembla que una mica més gran que jo i tan estúpid com la seva mare. L'única diferència era que no anava pintat de morros ni de galtes. Solament parlava de discoteques i de motos.

Vaig agafar dos autobusos i em vaig presentar a «Monerias», que, encara que sembli impossible, era el nom de la botiga de la mare. Ella no hi era. La sòcia, la senyora Puig, atenia una clienta que parlava en castellà i em vaig esperar.

—*«Oh, y que ricura. Y dices que sirven para guardar las gasitas de los bebés?»* —deia la bona dona amb un accent català que s'ensumava d'una hora lluny. Al cap d'un moment se'n va anar sense comprar res. Vaig pensar que ho feia per no trencar la tradició de la botiga. Després, amb el temps, vaig saber que el senyor Puig mantenia la botiga per curar les «neures» de la seva dona.

—Senyora Puig, que ha vist la mare?...

—No, Pere, ahir em va dir, que si no em feia res, no vindria en tot el dia, que tenia molta feina al club. Que necessites alguna cosa?...

—No, no, gràcies... Era per... —de sobte em sortí i no sé per què ho vaig engegar: «I el senyor Valls que ha vingut?

Ella em va mirar seriosa. Vaig ben notar que contreia la boca i arrugava les celles.

—Qui?... El corredor?... No, avui no treballa que és dissabte...

Arribava a casa que devien ser les dues. Feia tan mal temps que la «Tata» planxava a la cambreta on tenim, teníem, la rentadora amb el llum encès. No plorava però la veia molt pansida. Li vaig fer un petó a la galta arrugada sota els cabells blancs.

—Què explica l'àvia honorífica de la família? —vaig dir-li per animar-la.

—Vols dinar, ara, o vols esperar el teu pare? —Ella no volia mai menjar a taula amb nosaltres. Crec que devia ser una reminiscència d'antics costums de senyors i minyones.

Vaig dinar amb el pare. Menjàvem unes faves a la catalana, gustoses, ben cuites amb botifarra negra i cansalada, al seu punt. I com m'agraden les faves! Suposo que aquí no hi deu pas haver cap restaurant català i, ni que n'hi hagués, tampoc no tinc diners i la família amb qui visc ara vés a explicar-los què són les faves a la catalana!...

Dinàvem amb la música de fons d'una entrevista de Jordi Pujol que ni el pare ni jo escoltàvem. De reüll veia el president, recolzat en una butaca que devia ser la del seu despatx, xerrant convençut i amb el seu tic d'ulls de tant en tant. Em sembla que es queixava dels de Madrid.

Tot de cop el pare em digué:

—Has tingut un examen de matemàtiques un dia d'aquests, oi?... Com et va anar?...

Me'l vaig mirar sorprès. Se'l veia cansat. Ell també em mirava per damunt de les ulleres, que ara ja duia sempre. Feia temps que el pare no em donava conversa ni s'interessava en els meus estudis.

—Bé, em sembla que força bé... Vaja, per a passar justet... Ja ho veurem...

—Estudia, Pere, estudia... Jo voldria que fessis una carrera. Jo no vaig voler estudiar i em sembla que la Mercè pel camí que va no acabarà mai Medicina... —I va continuar parlant en un monòleg, tallat per silencis i que li sortia lent i feixuc. Em va explicar que l'avi, el seu pare, fent esforços li hauria pagat una carrera, ciències econòmiques, però que ell havia preferit treballar i que ara se'n penedia...

—Si tingués una carrera a hores d'ara ja seria apoderat i potser director d'una sucursal, com l'Enric —i al·ludia al cunyat, sense malícia ni enveja, com un *loser*, un perdedor que diuen aquí, que reconeix els mèrits del vencedor.

—On és la teva mare, avui?...

—No ho sé pas... No m'ho ha dit. —I vaig canviar de tema tot seguit. Tenia el pressentiment que parlar de la mare l'incomodava i jo començava a sospitar certes coses. Ell no va insistir, com si el tema també li caigués a sobre.

—Com va el «xollo» dels Toiotes, vull dir l'assumpte?...

Ell s'hi va enganxar de seguida i ara parlava amb més animació. Me'n va tornar a cantar les excel·lències i al final va dir:

—Precisament aquesta tarda hem de parlar d'un negoci en què aniré a comissió. Oi que ja t'ho vaig explicar?... Si surt bé podré pensar en aquell apartament a Llafranc que tanta il·lusió fa a la mare... Un apartament prop del mar. —Deia això bo i alçant-se de taula i crec que no va sentir el que jo deia:

—L'apartament rai...

A la meva habitació vaig jeure al llit per llegir i escoltar música. La *Pilar Prim* era més «pal» que mai i jo donava voltes a uns pensaments on se'm barrejaven la mare i el senyor Valls, el pare i el seu cansament, amb els Toiotes i un apartament a Llafranc.

En duia una de cap i vaig anar el telèfon. No sabia si fer-ho. I per què, no? Tant ho podia fer jo com qualsevol altre de la classe. Vaig trucar el número que ja em sabia de memòria.

—Bofarull? Que hi és en Cisco...

—Un moment que l'aviso.

—Hola «Bufa» com et va «xava»?...

—Ja pots dir «tio» que no hi és en «Foques»... Òndia, tu, he enxampat una mitja grip que diu el metge que no podré sortir a fer mal fins dimarts...

—Quina llauna, «tio»!...

—Escolta, que ha dit alguna cosa de la prova en «Vallespirnof»?

—No, home, ahir vam anar a Empúries...

—Ah, tens raó i què tal?...

Vaig callar un moment. Ves quina ximpleria, oi? Com si em sentís culpable d'alguna cosa...

—Ei, va ser molt «rotllo»?

—No, una mica... Però va estar bé...

Havent penjat vaig anar al calaix de la meva taula i vaig treure la llista de les adreces dels companys que cada començament de curs ens dóna el tutor. Per què havia trucat abans a en «Bufa»? Tant se val.

—Raspall? Que hi és la Mònica?... D'un company de curs...

—Hola, què hi ha de nou?...

—Mònica... Saps? Escolta, que vols sortir amb mi aquesta tarda?...

—Hauria d'anar a veure la meva àvia que és a la clínica. Es va fúmer de lloros i es va trencar el fèmur, pobra dona...

—Bé, així ja ens veurem dilluns...

—Espera, home... A veure, li diré a la mare que aniré a la clínica demà... On anirem?

—A prendre alguna cosa...

—I per què no al cinema?...

Em vaig quedar pensant quin era el meu capital. Per descomptat que no hi arribava. Vaig optar per ser franc.

—És que... Ara és molt car el cinema i no tinc prou peles, la veritat...

—Jo pago el cinema i tu em convides a una Cola-Cola...

—«Vale»...

—Es diu d'acord, d'acord...

4

EM VA FER BÉ sortir amb la Mònica. Era la primera vegada que hi sortia, tots dos sols, sense altres companys de l'Institut i mentre em canviava els pantalons pensava que una mica era una traïció a en «Bufa», que prou havia demostrat que li anava al darrere, però a mi també em semblava molt maca, la Mònica. I quin dret tenia ell a sortir-hi, que no tingués jo? Vaig anar a peu al bar de la plaça de Macià on havíem quedat de trobar-nos. Ja me la imaginava, Diagonal amunt, prima, ben feta de tot arreu, amb els ulls de color... De quin color? Les dents molt blanques en contrast amb la seva morenor... Què em passava? Estava enamorat o era el record de l'excursió de divendres que em va agradar tant estar amb ella? O potser era una «colamenta», de sobte, sense més ni més, allò que abans en deien el «fletxasso»?...

M'esperava al capdamunt de la vorera de la Diagonal.

—Suposo que no vols entrar en aquest bar? —em va dir per salutació.

—Ah, no?... Per què?...

—És on es troben els fatxes...

—Ah, sí? ...No ...Tu, no...

Ja no plovisquejava, però l'airet continuava essent frescot. Vam trencar per Villarroel avall, parlant de coses del curs i dels companys. Parlava ella, ja que jo no sóc gaire xerraire i menys en una ocasió com aquesta en què volia quedar bé. Pensava, que diferent que és la Mònica tal com l'havia tractat a classe, una entre els quaranta companys, i avui que ella m'interessava de manera diferent. Estava enamorat o, almenys, m'estava enamorant... I ella parlava i parlava i jo creia que era molt interessant el que deia. En passar pel davant, millor, pels darreres de l'Hospital Clínic va guardar uns instants de silenci i de sobte em va demanar:

—Tu creus que hi ha una altra vida després de la mort?...

—Jo?... Jo?...

—El meu pare va morir aquí, al Clínic, d'un accident de cotxe, ara fa tres anys... No era un home gran, tenia quaranta anys i va deixar tres fills. Jo sóc la més gran dels germans...

No sabia pas què dir.

—Noia, Mònica, creu que ho sento... Jo...

—No, Pere, ja ho tinc molt superat. Em va costar molt fer-me'n càrrec, però ho veig com un fet antic... La mare treballa i tira la casa endavant... És cap de secció a la Generalitat, va entrar-hi en morir el pare, gràcies a uns amics que la van recomanar. Ella diu que molts han entrat així a la Generalitat...

—Millor, oi? —jo no sabia pas què dir.

—Moltes vegades he pensat que la mort del

pare era com una injustícia per part de Déu... Tu ets creient, Pere?...

I quina Mònica més diferent de la de la classe! D'aquella que un dia va col·locar la paperera a l'angle de la porta poc abans d'entrar en «Foques». Ell, que és un sant baró, va reaccionar:

—Ai, carat, plouen papereres... No digueu «papeleres» que és un castellanisme, ai, carat! i això que avui en sortir de casa he mirat el temps i feia bo, no semblava pas que hagués de ploure...

Tothom va quedar desarmat. Hi va haver uns moments d'estupor i una riallada general. En «Foques» havia tornat a dominar la situació.

—Que vols dir si vaig a missa?... Sí, més o menys... Alguns diumenges.

—No, això és una altra cosa. Jo et demano si creus en Déu...

—Sí, em sembla que sí...

Vam entrar en un bar, petit i acollidor en un dels carrers, no sé pas quin, que porten al passeig de Gràcia. Sempre els confonc malgrat que, vaja, llavors jo vivia a l'Eixample. Hi havia poca gent, dues parelles més i tres xicots que seien a la barra. Des de la tauleta jo veia la Mònica a contrallum i les ombres escadusseres dels vianants. La veia molt bonica i estava segur que me n'enamorava per moments, si és que es pot mesurar l'enamorament.

—Has pensat en la teologia de l'alliberament?... A mi m'al·lucina i em rebel·la que hi hagi tanta misèria al món; a casa nostra encara, tothom més o menys viu, però, al Tercer Món, a Sudamèrica!... I amb tanta gent morint-se de gana, el papa vinga a viatjar...

—Potser són coses diferents, els viatges i la fam... —Vaig dir per dir quelcom, la veritat és que mai no hi havia pensat seriosament en tot això.

—El pare era amic d'aquell bisbe de Manlleu que treballa a Brasil, monsenyor Casaldàliga. S'escrivien i recordo que fa força anys va venir un dia a casa...

—La teva família... La teva mare és de l'Opus?...

—No, no, al contrari... Si et refereixes a si sóc d'algun grup eclesial.

I què deu ser això? vaig pensar, però no vaig dir res.

—Sovint vaig a «trobades» a Montserrat on parlem i discutim de moltes coses...

—Ah, ja ho entenc...

—El què entens?

—No ho sé, la teva manera de parlar, el que dius... La veritat és que m'ha sorprès, noia...

—T'avorreixes?

—No, no, al contrari, m'agrada escoltar-te...

I va continuar xerrant estona i estona, perquè ella de xerraire, sí que n'és. De sobte vaig mirar el rellotge.

—Escolta, tu volies anar al cinema, oi? Si no ens afanyem no arribarem a cap sessió...

I no vam anar al cinema. Es va fer fosc i les ombres dels vianants ja només es veien quan passaven per sota els fanals enllà de la finestra. Vaig pagar com un senyor. És clar, que en total només eren tres Coca-coles i una aigua tònica...

La vaig acompanyar fins a casa. Tornava a plovisquejar i vam comentar que era ben agradable sentir les gotetes de pluja a la cara. Jo estava content i llavors no sabia per què. En deixar-la a la porteria dubtava què havia de fer, donar-li la mà em semblava una mica ridícul, després de tres anys que ens coneixíem. I ella ho va resoldre amb un petó als llavis curt, però... I la molt punyetera es va plantar a riure.

—No et tornis vermell, home, que no n'hi ha per a tant...

5

L'ENDEMÀ, diumenge, la vaig acompanyar a la clínica a veure l'àvia que s'havia trencat el fèmur. Jo no vaig pujar, naturalment, em vaig estar una bona estona veient l'esplèndid aquàrium del vestíbul i empassant-me les revistes de xafarderia de la sala d'espera. Quan va baixar, vam passejar pels carrers de la Bonanova i de Sarrià. Feia un dia magnífic i el sol escalfava l'ambient.

Jo havia dormit neguitós. D'una banda em sentia molt satisfet de la sortida amb la Mònica, però estava empipat per allò de la mare. És que ella havia tornat a les onze de la nit i havia dit un bona nit al pare, que seia a la butaca de la tele, que ell no sé pas si va contestar. Jo anava passadís enllà a la meva habitació i ella va entrar darrere meu. Afectava una simpatia i un interès que es veien forçats, quan va seure als peus del meu llit i va fullejar el llibre la *Pilar Prim.*

—És interessant?... No he llegit res d'aquest Oller. Ha guanyat algun premi?

—És antic, del segle passat i és una mica «pal». Ens el fa llegir en «Foques».

—Qui?

—El de català...

—Ah... Què tal, com has passat el dia avui? Jo he tingut una feinada. Quan sembla que tot està a punt per a la festa del club sempre trobes que falten coses. Hi ha tants detalls per resoldre en una festa així!

—Ah...

—Estic cansada i me'n vaig al llit... El teu pare és tan ensopit. Ara es quedarà endormiscat davant de la tele... No és ell sol que té preocupacions!

Estava a punt de preguntar-li: «I el senyor Valls?», però vaig callar. En el fons eren suposicions meves i si no havia anat al club, malgrat engegar-m'ho ben clar, ni a la botiga, podria haver anat a molts llocs i sola. Només se'm va escapar

—Pobre pare...

Ella no ho va sentir perquè ja entrava al lavabo. I jo em vaig adormir aviat pensant si demà a primera hora telefonaria a la Mònica, cosa que vaig fer.

Passejar aquell matí de diumenge era, tal com deia abans, agradable i jo m'havia proposat parlar més que la tarda anterior, no fos cas que la Mònica es pensés que jo era un introvertit incapaç de mantenir una conversa. I potser sí que ho sóc. Vés a saber.

Vaig encetar jo el tema:

—Mònica, tu creus que en «Bufa» s'empiparà si sap que hem sortit tu i jo?

—Ben burro seria si s'empipés... —Es va posar graciosament seriosa i va dir: «Aquest és un país lliure i jo puc sortir amb qui vulgui i si li pica que s'hi posi fulles, oi?... A més, jo puc escollir els meus amics i en «Bufa» i tu ho sou, oi?...

Haig de reconèixer que aquestes paraules i, sobretot, la desimboltura amb què va dir-les em va molestar, però vaig tenir l'encert de dissimular-ho. La Mònica tenia una manera de comportar-se que em desorientava una mica, vaja, força, i que m'abassegava. Ara que ha passat, si fa no fa, un any, em sembla que sortir amb ella, de totes maneres, em va anar la mar de bé per a vèncer la meva timidesa.

—Sí, sí... És clar, tens tota la raó...

—No em diguis pas que no la tinc. M'agrada sortir i xerrar amb en «Bufa» i em sembla que també m'agrada sortir amb tu —va concloure ella tan feliç.

Els meus propòsits d'encetar un tema interessant i de dur jo la veu cantant es van esvanir com... com aigua en un cistell. Que content estarà en «Foques» quan llegeixi aquesta imatge, perquè d'una manera o altra li faré arribar aquests fulls.

Vaig notar que em posava sorrut i crec que vaig dir ben poques paraules i no sé pas si la Mònica ho va notar o no se'n va adonar, la qüestió és que va proposar d'entrar en un cinema. Ara veig ben clar que se'n va adonar i penso que va ser prou discreta per salvar la situació en silenci tots dos davant d'una pantalla.

Es veu que aquella tarda era la de la meva mala sort, tal com diuen aquí als Estats Units, o millor, la primera d'una tongada de tardes i de dies de mala sort i emprenyamenta per part meva. La pel·lícula era francesa, no en recordo el títol, però sí l'argument. Es tractava d'un assumpte de triangle, d'una dona i dos homes. La dona, diguem-li X és casada amb Y però s'entén amb un company de la feina, Z. Em fa gràcia, ara que ho tinc escrit sembla un problema de «mates» dels d'en «Vallespirnoff». Bé, quan Y se n'assabenta, i això dura la meitat de la pel·lícula i que consti que no se'm va fer llarga ni pesada, decideix matar Z, l'amant. I ho fa perquè estima molt la seva dona, malgrat la infidelitat, i li ho confesa quan la policia està convençuda que Y va morir d'un infart. Es veu que hi ha unes gotes que no deixen rastre en l'autòpsia del cos d'un difunt. Llavors, la dona ho explica a la policia i engarjolen l'assassí. Em va semblar bé, vull dir que em va agradar el film, amb molt bona fotografia de primers plans, però vaig sortir del cinema amb més malhumor que quan hi vaig entrar. I la Mònica ho va notar perquè em va dir:

—És bona la pel·lícula, oi?... M'ha semblat, però una mica depriment.

Crec que jo no vaig dir res, però recordo que em va quedar ben gravat el seu comentari.

—Aquestes situacions tan dramàtiques no acostumen a succeir en la vida real... M'ha semblat un argument una mica massa novel·lesc.

Del cinema vam anar a casa seva i em vaig acomiadar a la porteria, dient quelcom i sense ferli cap petó. L'endemà a la classe, durant les tres primeres hores, la Mònica va ignorar la meva presència i a l'hora del pati se'm va fer trobadissa.

—Si ahir et vas enfadar perquè et vaig dir que tenia tant dret a sortir amb en «Bufa» com amb tu, ets una mica ruc. Pensa-hi i veuràs que tinc tota la raó del món —i es va esmunyir per anar amb la Trini.

La nit d'aquella tarda que vaig veure la famosa pel·lícula vaig patir d'insomni, no em vaig adormir fins a quarts de sis de la matinada, cosa que no m'havia passat mai. I ho sé, ja que cada moment mirava el rellotge. Feia voltes al llit, ara em col·locava del costat dret, ara de l'esquerre i amb els ulls ben oberts. Pensava en aquella dona del film i, sobretot, veia les imatges del marit que era capaç de cometre un assassinat per amor a la seva dona i per la ira del seu engany. És clar que ho trobava exagerat, però hi pensava i no em deixava dormir. I pensava en la meva mare i no hi volia pensar i no volia de cap manera relacionar el cas de la pel·lícula, de la dona del film amb la meva mare. Em vaig llevar cansat i vaig adonar-me que a la nit les coses es veuen més grosses i ens capfiquen més del que cal. Durant el matí no m'aguantava dret i les classes eren per a mi més avorrides que mai, i sort que era dilluns, que a la tarda entràvem a l'Institut a les cinc i vaig poder fer una migdiada d'una hora.

6

HE PASSAT UNS DIES sense escriure perquè he tingut unes proves molt fortes d'anglès. És lògic que aquí, a Greenville, a l'estat de Texas, siguin exigents amb els estrangers i si no per què hem vingut als Estats Units? El meu cas és una mica diferent dels set nois de Barcelona que vam venir en la mateixa expedició. Naturalment m'interessa aprendre bé l'anglès, ja per tota la vida, però potser m'interessava més canviar d'aires i oblidar certes coses. Però no vull avançar els esdeveniments.

Ara que torno a reprendre aquest diari o potser més que un diari són unes memòries del meu tercer curs de batxillerat, tot i que escriure unes memòries als disset anys també té gràcia, oi? Dic que em sento content de tornar a pensar en el que em va ocórrer, a un any dels fets que tant em van... em van trasbalsar, aquesta és la paraula. De totes maneres si els escric potser em costarà més d'oblidar-los. És clar que en «Foques», a finals de juny, poc abans que acabessin les classes de l'Institut un matí, asseguts al bar em va dir:

—Pere, no t'esforcis a oblidar el que t'ha succeït... Mai no podem oblidar, el que hem de fer és considerar els fets des d'altres perspectives i assumir-los... Veuràs que les persones i el que van fer queda embolcallat amb un vel de comprensió per part teva...

La veritat és que ara, certament més tranquil, encara em costa comprendre els meus pares. I em costarà, sobretot l'actuació de la mare... I la del pare, també, Déu n'hi do!

Reprenc el fil. El mes de desembre va començar amb una prova d'avaluació d'història que em va sortir ben malament. Hi havia molta matèria, la prehistòria, l'Edat Antiga i l'Edat Mitjana a Espanya i el professor d'història que ens va tocar aquest curs, el senyor Páramo, que havia arribat de no sé quina ciutat de la Meseta, ens obligava a memoritzar les dates i els reis. Jo tenia entès que ja no s'estudiava així la història, però callava i no fumia res. La Mònica un dia li va plantar cara.

—Senyor Páramo, la història que vostè ens explica és molt avorrida... De què ens serveix saber tantes dates i tants noms si això es pot trobar en qualsevol manual... Aquí, la història ja no s'estudia així...

L'home es va quedar glaçat. Es va tornar groc com la cera i la barbeta i el nas se li anaven esmolant per moments. A mi el «profe» em va fer una mica de llàstima perquè en el fons sóc un sentimental i l'home patia. Penso que s'ho havia buscat, però.

La Mònica que és llesta de veritat, i amb ganes, se'n va adonar.

—Senyor Páramo, vostè en sap molt d'història

d'Espanya, és un gran especialista —i l'home es va tranquil·litzar una mica—. Per què no ens explica història de Catalunya? És que volem saber la nostra història, sap?...

Del fons de la classe es va sentir la veu d'en Lòpez:

—*Vaya, ya salió la separatista!...*

—Ni separatista ni punyetes. És la veritat!...

El senyor Páramo no va poder acabar la classe. Tothom va començar a discutir pel seu compte, amb crits i fins algun insult. El «profe» va estar tres dies malalt i en tornar ens va anunciar una prova i ens va recargolar de debò. La Mònica la va aprovar, perquè havia estudiat de valent. La resta, vam suspendre gairebé tots. En «Bufa» comentava:

—Ja només falta que en Páramo segueixi la tàctica d'en «Vallespirnoff» i ens bombi a cor què vols!... Ni amb la història podrem viure tranquils!

Aquell mes de desembre no vaig sortir ni un cop a soles amb la Mònica. Parlàvem quan ens trobàvem en grup i vaig saber que sovint sortia amb en «Bufa». I em sabia greu! De què devien parlar? Jo veia la Mònica seriosa i capaç de tenir converses sobre temes, diguem-ne, elevats i en «Bufa» sempre amb un acudit a punt i buscant l'aire irònic de totes les coses. Per mi no lligaven gens. I a mi, repeteixo, em feia una certa cosa que sortissin junts. Reconeixia que no hi tenia cap dret i que ella m'ho havia dit ben clarament, però em sabia greu.

Vaig passar uns dies, millor dit, unes nits, que abans d'adormir-me em ballaven pel cap les imatges d'aquella «ditxosa» pel·lícula de la senyora X, que enganyava el seu marit, barrejades amb la Mònica i, com si fos una premonició, amb la meva mare. I malgrat que em deia en llevar-me que tot plegat era una bestiesa, alguna cosa em quedava a dins, però.

I no vaig preparar gens la història, ja que amb prou feines feia els problemes de «mates». Una tarda que per fi havia acabat de llegir la *Pilar Prim*, sense gairebé assabentar-me de la darrera part, vaig dir a la Tata:

—Me'n vaig a escampar la boira... Si truquen per a mi, arribaré a l'hora de sopar.

La Tata no em va contestar. Endreçava roba a l'armari de la cambra dels pares i em va mirar amb uns ulls tristos i humits, com d'haver plorat. Havia notat un canvi en la Tata. La veia, d'un temps ençà, més envellida, una mica més carregada d'espatlles i sobretot amb aquesta mirada ploranera... I ara m'ho explico. I tant!

La qüestió és que, Diagonal amunt, caminant d'esma em vaig trobar gairebé davant de la botiga de la mare. Hi vaig passar un cop, mirant de reüll a dins, i no hi havia cap clienta, solament la senyora Puig i la mare darrere del taulell. De sobte, vaig veure el senyor Valls que trencava la cantonada i em vaig encastar a l'aparador d'una confiteria. Pel vidre de l'aparador el vaig veure; sí que era ell, amb el caminar esportiu i una petita maleta de roba a les mans, on devia dur les mostres del gènere que venia. Va entrar a *Monerias* i jo vaig comprar el «Dicen» per esperar a veure el que passava. Per què ho vaig fer? No ho sé pas... Mig coberta la cara amb el diari, tot just havia llegit quatre xafarderies dels problemes d'en Venables amb en Schuster, quan els vaig veure sortir de la botiga. Ell reia i deia quelcom a l'orella de la mare que també reia. Ell va provar de mossegar-li l'orella i ella, sense deixar de riure, el va empènyer i el va enretirar una mica. Em vaig quedar de pedra. Els vaig seguir, a una certa distància. El senyor Valls es veia força més jove que la mare, el primer dia que el vaig conèixer a la botiga ja m'ho havia semblat. La mare, però, encara era molt maca i tenia un tipus extraordinari. És clar, amb tant de règim, vaig pensar i vaig somriure, me'n recordo ben bé. Tot el camí, dues illes de cases enllà, van fer-se carantoines i rialletes i ell va intentar prendre-la de bracet. La mare va refusar el gest i em va semblar que deia, i si no ho va dir-ho podria haver dit:

—Aquí no... Ens poden veure...

Van entrar en un «pub» de portes massisses de fusta i vidres foscos que no deixaven veure res des del carrer. No hi vaig entrar. Segurament m'haurien tret i si no que hi hauria fet jo allà dins!

De totes maneres estava com marejat. Tenia un mal gust a la boca i semblava que trepitgés una cosa tova. A l'estómac tenia una bola que em semblava que pujava cap a la gola. Mira que si vomito aquí al mig del carrer, vaig pensar... Em trobava com aquell dia, a primer curs, a casa d'en Carretero, en què érem una colla i vam beure molta cervesa i ens vam fumar uns «pitos» i em va haver de venir a buscar la meva germana que estava emprenyada com una mona i remugava:

—Si vols fer l'home, aprèn a no marejar-te!...

Bé, per sort aquella tarda que els vaig seguir duia un bitllet de cinc-centes pessetes a la butxaca, que m'havia donat l'àvia dies enrere quan vaig anar a veure-la, i una mica més avall del «pub» vaig agafar un taxi.

A casa solament hi era la Tata.

—No em trobo bé. Alguna cosa del dinar em deu haver fet mal, Tata... M'estiro al llit.

—Només faltaria que tu et posessis malalt —i la dona em va agafar per les espatlles i, de puntetes, em va fer un petó.

Vaig pensar quant temps feia que la mare no me'n feia... Com es diu?... De moixaines. No hi havia pensat fins aquella tarda i no les havia trobades a faltar fins llavors que venia amb aquella bola a l'estómac.

De boca terrosa vaig plorar i molt i no m'avergonyeixo de dir-ho. Amb els punys closos i el cap enfonsat al coixí desfogava la ràbia. Contra qui? Penso ara. No ho sé pas... Contra la meva mare, contra el senyor Valls que l'havia enredada... I si no l'hagués enganyada?... I si hagués estat ella la que havia començat la relació tot coquetejant amb el senyor Valls?... Potser, volia reflexionar i no podia, la cosa no passava d'uns contactes de feina. Al cap i a la fi, ell era el corredor del gènere de la botiga... Però, s'havien de trobar en un «pub»? I ella havia d'anar rient i fent bestieses, pensava jo llavors, amb ell? Em sentia ben malament i com més hi rumiava més em pesava la bola a l'estómac.

Del llit estant vaig sentir que arribava el pare i parlava amb la Tata. Va apropar-se a la meva cambra i va obrir dos dits la porta de l'habitació.

—Què necessites?... Que no et trobes bé?

Jo tenia el llum tancat i el pare no va veure que plorava. En vaig mig incorporar.

—Tinc mal de cap. Dormint em passarà...

La Tata, de la porta estant, va afegir:

—D'aquí una estona et portaré una truita.

—No, Tata, no vull res. Tinc mal de cap i estic una mica marejat. Demà em trobaré bé del tot... I punt! —vaig replicar de mala manera.

El cap em bullia per dins i el coixí humit em molestava. No sé quantes vegades el vaig girar ni l'estona que em vaig estar ploriquejant i donant voltes a la idea que de temps ençà m'obssessionava: la senyora X i el seu marit d'aquella pel·lícula francesa. Per fi mig adormit, vaig sentir que entrava la Mercè i tornava a sortir.

—Aquest «nano» es deu haver empatxat —deia a la Tata al passadís.

«Que imbècil que ets!» Vaig pensar i no recordo res més d'aquella nit.

L'endemà en llevar-me i dutxar-me, els ulls encara em feien coïssor, però notava que tenia el cap fresc. «M'ho faig massa gros. Que no té dret la mare d'anar amb qui vulgui i més amb un home que ella coneix per la feina?... Però, per què feia bestieses pel carrer i per què van anar en un *pub*? És que als *pubs* mig a les fosques es parla millor de la feina?»

L'Institut em va distreure. A la classe es notava aquell nerviosisme de quan s'apropen les vacances de Nadal i el grup de noies, més, més «pijas»... que volien presumir, vaja, comentaven que anirien a esquiar, que farien un viatge i alguns els prenien el pèl, ja que la majoria sabíem que tot era pura imaginació.

La Mònica em va buscar a l'hora del pati.

—Et veig estranyot fa uns dies... Encara estàs empipat perquè no vull sortir únicament amb tu?

—No... No... No em passa res...

—A més ni tan solament m'ho has demanat... Escolta, tinc una sorpresa per a tu durant les vacances de Nadal. Per als dies que queden entre Cap d'Any i Reis...

—Ah, sí? Què és?

Ella va fer aquella cara de picardia que tan bé li esqueia i em va picar el front amb el dit índex.

—Ah! endevina-ho, endevina-ho —i se'n va anar rient, mentre deia: «Ja t'ho anunciaré més endavant»...

I ves. Ara que hi penso, quan ja ha passat tant de temps i des de tan lluny, em va fer malícia la manera de dir-ho i de jugar amb mi. Em recordava la mare, la tarda abans i només hauria faltat que m'ho hagués dit a cau d'orella i fent bestieses.

A casa, havent dinat, vaig intentar fer els problemes de «mates» però no hi havia manera. Els números em ballaven i els signes semblava que des del paper es fumessin de mi. Vaig estirar-me al llit i vaig agafar el Pinxo, el gat siamès, i vinga fer-li moixaines... Ara ja em surt aquesta paraula i trobo que sona bé, moixaines. El Pinxo es va adormir ben recargolat amb el cap entre les potes i només movia de tant en tant una orella negra per donar senyals de vida. D'això, no me'n recordo, és clar, ho he escrit per quan llegeixi aquests fulls en «Foques», no fos que s'emportés una decepció. Perquè els deixaré llegir a en «Foques», ell que tant em va ajudar.

Eren les cinc, més o menys quan me'n vaig anar de casa. La Tata em digué:

—Oi que surts molt ara, Pere... Només faltaria que suspenguessis el curs! —i la bona dona em va abraçar amb les llàgrimes als ulls. La vaig deixar fer perquè des de sempre em queia tan bé, la Tata!

—T'estimo tant Pere... A tu i al teu pare, pobre home!...

Pobre home? Què sabia la Tata? O què suposava? El devia conèixer molt bé, si ja servia a casa dels avis quan ell va fer la primera comunió. Vés a saber si li endevinava els pensaments. No li vaig dir res però les seves paraules em van tornar a neguitejar.

M'angoixava fer d'espieta de la mare, malgrat això i com un criminal que torna al lloc del seu crim em vaig trobar davant de la botiga. Això del criminal ho he llegit en algun lloc i, certament que no era el meu cas... I el de la meva mare?... Bé, ho he escrit perquè queda bé.

Ja em sabia l'indret de la botiga i havia observat que davant mateix de Monerias es trobava un bar, petit, d'aquests que la gent no hi seu llarga estona. Anava a entrar i prendre'm alguna beguda, encara em quedaven diners de l'àvia, quan vaig veure la mare que sortia de la botiga i, després de mirar-se la cara en el mirall de la bossa de mà, enfilava de pressa carrer amunt. Vaig tornar a pensar que de més jove devia haver estat molt maca. Encara ho era i, sobretot, tenia una figura ben feta i molt bonica.

Em feia vergonya de seguir-la, però ho vaig fer. No tenia el mal gust de boca i el mareig d'ahir la tarda, però sí força ràbia perquè ja em temia que aniria a trobar-se amb el senyor Valls... Senyor? Si realment ha estat ell el causant de tot, per què li dic senyor?... En efecte, prop de la Via Augusta, en Valls l'esperava en un cotxe vermell. Crec que era un Opel Record, no vaig veure ben bé la marca, però el que sí vaig veure va ser un llarg petó a la boca i com ell li passava la mà per les espatlles, un cop s'havien assegut.

Ara n'estava segur... O no? Als telefilms americans, els amics se saluden així encara que amb un bes més curt... Però la mare no era cap nena, ni cap joveneta per seguir aquesta moda. Mentre caminava carrer avall per anar a buscar l'autobús, no em treia del cap aquella senyora X de la «ditxosa» pel·lícula i m'anava empipant contra mi mateix, contra la mare, contra tothom. Fins i tot m'enrabiava amb les parelles que passaven rient i agafades del braç. Em semblaven estúpids, em recordo ben bé, ells i elles que es veien enamorats... I si tot fossin suposicions meves?...

A casa, com sempre, només hi era la Tata. M'havia proposat no parlar-ne amb ningú i esperar a veure per on anirien les coses. La Tata, però, en veure'm entrar em digué:

—Ha trucat la teva mare que no vindria a sopar. No sé què té al club de tennis —i va afegir en veu baixa, vaig sentir-ho—: Ja passa massa sovint això de no venir a sopar.

Ella planxava a la seva cambra com solia fer. Hi vaig entrar i d'un cop d'ull vaig veure aquells retrats groguencs dels seus pares i en un marc de plata que li va regalar el pare quan va complir cinquanta anys de servir a la família Molins, el retrat acolorit d'un soldat que havia estat el seu xicot, amb el ridícul gorret de borla penjant. Feia temps que no entrava a l'habitació de la Tata i tantes estones com m'hi havia passat quan era petit. Tot ho veia més trist i aquella figureta de guix de sant Antoni amb un nen Jesús feia cara de pocs amics o almenys a mi em feia aquest efecte.

—Ara ja no véns mai a l'habitació de la Tata, oi?

—T'haig de parlar, Tata...

Em va mirar en silenci i va desconnectar la planxa.

—Em sembla que la mare enganya el pare amb un altre home —vaig engegar-li bruscament a un pam de la cara. Va alçar els ulls i em va semblar que es tornava una mica pàl·lida. Llavors li vaig explicar tot i no em va interrompre. I de veritat que em sentia alleugerit, després d'haver-ho abocat a algú.

—Jo també sospito que hi ha alguna cosa. Tantes sortides, l'aclaparament del teu pare, pobre... Trucades que no contesta ningú... Pobre Jaume...

—Quin Jaume? —li vaig demanar i tot seguit vaig caure que es referia al pare i és que ella mai no l'anomenava senyor.

—El teu pare... Sempre treballant per satisfer els capricis de la teva mare i de la Mercè. Vaja quina altra... Pobre Jaume —i va continuar mentre jo escoltava en silenci i ella de tant en tant s'eixugava els ulls amb la punta del davantal—. Quan va tornar de la mili, d'allà tan lluny, d'on són els *abuelos*, estava tan enamorat de la teva mare que li telefonava cada dia i quan podia se n'anava a veure-la... A mi em sembla que no va fer la carrera per posar-se a treballar i poder casar-se abans... I, ara, té! Només fa que treballar i treballar i ha perdut, jo diria, l'alegria i les ganes de viure... I de sobte, el primer entrebanc en el seu matrimoni. No te n'ha parlat mai?... Pobre Jaume!...

—No, no. Em sembla que no...

—Tu i la teva germana éreu petits. Devies tenir un parell de mesos i la Mercè cinc anys i mig. La teva mare se'n va anar de casa un estiu...

—Òndia!...

—Sí, amb un estranger que havia conegut a casa d'uns amics, a la Costa Brava.

—I el pare, què va fer?

—Què volies que fes? Va quedar desfet. Gairebé no parlava, com ara o potser menys i tot, va perdre quinze quilos i no sortia de casa per a res. N'estava tan enamorat!

Jo em vaig tapar la cara amb les mans. La cambra em donava voltes amb la Tata, els retrats i el sant Antoni de guix. Com si fos lluny sentia la veu de la Tata:

—Quan ella va tornar, els teus pares van fer un viatge llarg i els anys següents el teu pare la duia com en una safata. Li comprava tot el que volia i ell es va posar a treballar com un negre... La seva obsessió era comprar-li un apartament a la platja i encara no ho ha pogut fer...

Vaig pensar que l'altre dia en acabar de sopar ell va dir quelcom d'això, però no vaig interrompre la Tata.

—I així han continuat. Amb el temps jo he notat que passada aquella eufòria de la tornada d'ella, s'han anat distanciant cada cop més fins a arribar ara que ella gairebé no és mai a casa.

—I els avis Molins? Què hi van dir quan va passar això?

—Què volies que diguessin? El teu avi és un gran home. Ells també en van patir molt i van fer molt costat al teu pare.

—Escolta Tata, jo haig de dir al pare el que em sembla que passa?...

—Ja ho deu saber... Aquestes coses se saben o s'endevinen. Em sembla que no has pas de dir res... Deixem passar el temps...

Vaig baixar al quiosc de la cantonada a comprar una revista de cotxes. Almenys a l'hora de sopar tindríem tema per parlar, el meu pare i jo.

7

EL DIVENDRES, vint-i-tres de desembre, ja no anàvem a l'Institut. Havien arribat les vacances de Nadal, per a mi, enmig d'un desastre d'avaluacions i de notes. Les darreres proves les vaig espifiar totes. La història i la «filo», rai, que les recuperaria amb més o menys esforç, però les «mates» ja era una altra cosa.

En fi, aquell divendres em vaig llevar a dos quarts d'onze i, despert al llit vaig acollir-hi el Pinxo, vull dir, que vaig jugar-hi una estona ja que sempre que podia s'hi enfilava. Ai, el Pinxo, com s'ho deu passar a casa dels avis? Era, vaja, crec que encara deu ser, un gat molt bonic i ben pascut, anava ben tip. S'havia tornat una mica més esquerp d'ençà d'aquell dia que el vaig dur a cal veterinari que el capés. Quin *show*, òndia!... Pobra bèstia, però és que quan es posava calent, perdó, vull dir quan entrava en zel no hi havia qui dormís, a les nits, amb els miols que feia.

Sembla estrany, ara que hi penso amb calma, com pot afectar la sexualitat les bèsties... i les persones. Jo l'any passat, el curs passat, estava a la lluna de tot això. I potser sí que ja era una mica massa grandet. Quan sortia amb la Mònica, notava quelcom, no sé com explicar-ho. M'agradava i em feia una cosa, vaja. Ara, aquí, a Greenville i amb l'experiència que he tingut amb l'Annie, els seus companys americans li diuen la *flower*, és diferent. El que m'ha passat aquí, però, és una altra història i no vull desviar-me de la meva. De totes maneres em pregunto què devia moure la mare a entendre's amb en Valls. ¿Un desig sexual, únicament? ¿És que el pare tan obsessionat amb la seva feina no es preocupava d'aquesta qüestió? ¿O era la falta d'amor envers ell o un avorriment de la vida de cada dia? No ho sé ni ho vull saber... Ara que m'he tranquil·litzat i veig la situació amb aquell vel que em deia en «Foques», tal com vaig fer en els fets passats, penso que no val pas la pena que vulgui esbrinar-ho. Que ells arrosseguin la seva vida i les seves actuacions. El pare, també? Pobre home!...

Aquell divendres, a mig matí, em van agafar ganes d'anar a jugar a tennis al club, almenys em distrauria. I la punyetera casualitat va fer que en «Mochi», el fill de l'estúpida de la Cati, havia tingut la mateixa idea, el seu primer dia de vacances a l'escola on va, on anava. No hi havia ningú, que en sabés més o menys com jo, per a jugar i ho vam fer durant una hora i mitja. Em va fúmer una pallissa i és que jo feia temps que no hi jugava. Però, vaja, que em guanyés, és el de menys.

Als vestidors érem sols en «Mochi» i jo i la conversa va anar més o menys així:

—Haig d'arrencar diners del meu pare per

comprar-me una moto nova... Pot ser de bastant de cilindrada perquè ja m'he tret el permís de conduir... A tu encara et deu faltar un o dos anys per treure-te'l oi?

—Dos anys, tot just en tinc setze.

—I a tu no et «pirra» una moto?...

—Mira, què vols que et digui? —el to de superioritat d'en «Mochi» m'«incordiava» per moments— Jo no tinc a qui demanar diners.

—És clar, jo tinc la sort que el meu «vell» és ric, està podrit de peles i em sembla que li'n podré arrencar. Cent mil de l'ala me'n falten si al taller em compren la que ara tinc...

—Déu n'hi do!

—L'avantatge de tenir els pares separats és que pots arrencar un pessic, ara de l'un, ara de l'altre. I el meu «vell» és molt tou per a això... Per cert, quan se separen els teus pares?...

Em vaig quedar com si m'haguessin clavat un cop de maça al cap. Jo sabia tot el que sabia i sospitava la situació però no havia pensat o no havia volgut pensar en la separació dels pares. La brutàlitat de la pregunta em va deixar mut. En «Mochi» va continuar:

—La meva mare diu que ja s'ho veia venir, que tal com és l'«Angus», oi que es diu Angustias, la teva mare?... Ha... Ha... Quin nom! El teu pare acabaria amb unes banyes com d'aquí a Lima... Ha... Ha... Perquè ja n'havia dut una vegada, oi?

Tot rient va entrar a la dutxa. Em vaig «daixonses» amb en «Mochi» i la «dallonses» de la seva mare. La bola de l'estómac em tornava a pujar a la boca i els ulls se m'havien omplert de llàgrimes. El meu pare era la riota de la gent del club i vés a saber de quants més dels qui el coneixien! Em costava ficar-me els mitjons i ho veia tot borrós i les llàgrimes semblava que em cremessin les parpelles.

En «Mochi» va sortir de la dutxa i se'n va adonar. Se'm va apropar i amb aire de superioritat em va agafar pels cabells i em va alçar el cap. Va veure que jo plorava.

—«Tio», no t'ho prenguis així. No siguis nen petit, «Hosti», els primers dies costa de fer-te'n la idea però després t'hi acostumes i ja està. No et dic que en el fons té els seus avantatges?... Tu, a la teva edat ja deus poder escollir amb quin dels dos vols viure. Jo t'aconsello que visquis amb el qui sigui menys «carca»...

No vaig poder aguantar més. Corria passadís enllà cordant-me els pantalons i sentia que en «Mochi» des de la porta del vestidor em cridava:

—Ei, però que fas «tio»... No n'hi ha per tant!... No siguis «crio»!

A l'autobus, de tornada a casa, rumiava què significaven els meus pares per a mi. Volia pensar-hi fredament. La meva mare, la veia ben poc darrerament, i quan la veia no sabíem de què parlar. Em costava de reconèixer-ho, però era una persona que de tant en tant, a l'hivern, coincidíem en entrar o sortir del lavabo. I el meu pare? Sopàvem junts i callàvem, de nassos a la «tele», o havíem de parlar de cotxes, que a mi, és un tema que tant se me'n dóna. Quan em signava les notes de les avaluacions insistia que estudiés i aprofités el temps, que arribés a fer una carrera. I ara que ho veig clar m'adono de tota l'amargor que ell duia a dins. Em sembla que ja ho he escrit abans, però el meu pare era o és, un *loser*, un perdedor. Només faltava que ara l'enganyés la dona de qui havia estat enamorat i de qui, segurament, com deia la Tata, encara n'estava. Era un derrotat de cap a peus.

I les imatges del senyor Y de la pel·lícula se'm clavaven al cap. I la Mònica havia dit que era una situació exagerada!...

Els dos dies abans de Nadal no recordo pas què vaig fer. Senyal que no va ocórrer res important. Important per al meu cas, naturalment, ja que tot el que em passava no significava pas la fi del món. Ara des d'aquí ho veig clar. Llavors era molt gros per a mi. I ara, sí que crec que era la fi del món, del meu món. Encara que soni massa literari era la fi de la meva infantesa, del meu ambient de sempre, de les meves coses i, sobretot, de les persones que tant havia estimat.

El dia de Nadal, l'àvia Molins va venir de bon matí, tractant-se del dia de Nadal, a les deu. Els *abuelos* d'Albacete havien escrit i van telefonar el vespre abans, la *Nochebuena*, que diuen ells. La mare va xerrar-hi una llarga estona i li van dir que estaven la mar de bé, que els regadius de la finca prosperaven i que no podien venir. Que ens donaven records a tots. A mi i en l'estat d'ànim en què em trobava tant se m'enfumien els seus records, se'ls podien ben guardar allà on els cabessin.

L'àvia Molins, com deia, quan va arribar va entrar de dret a la cuina. Anava tan polida com sempre i caminava dreta amb uns passets curts, mirant totes les coses i a punt d'encetar un somriure com si els gerros i les andròmines damunt dels mobles li haguessin de tornar el seu afecte. Tot el matí va feinejar amb la Tata a la cuina i no deixaven entrar-hi la mare. Precisament, la mare estava riallera i parava la taula amb la vaixella que només treien el dia de Nadal. Jo la mirava i em preguntava com podia fer tanta comèdia, com podia dissimular els sentiments de manera tan... tan freda i tan hipòcrita. ¿O és que potser en el seu cor, hi cabien els de la família i el senyor Valls? ¿O és que el dia de Nadal no es pensa en res?...

El pare es va llevar tard i quan va arribar l'avi van anar plegats a provar el cotxe d'aquest, perquè assegurava que feia dies que sentia un soroll estrany que l'amoïnava. Jo diria que la mare es va sentir alleugerida quan el pare i l'avi van marxar.

La Mercè, naturalment, aquell dia dinava a casa i després de saludar, a les dotze, amb un bon dia enrogallat i ofegat per la son, es va tancar a la seva habitació. No m'ho vaig pensar dues vegades i vaig trucar a la porta.

—Què vols? M'estic fent les cames.

—És que t'haig d'explicar una cosa.

Va obrir la porta. Anava amb sostenidors i bragues i mentre es girava d'esquena per treure una bata de l'armari em vaig fixar en la roba interior que duia amb unes puntes, bé, no puntes d'aquelles d'abans, de les tovalles de casa l'àvia, sinó amb uns calats gairebé transparents. Sé que vaig pensar: «La mare també deu portar unes peces com aquestes? Per al pare? Per a en Valls?»...

—Suposo germanet que no t'espantaràs de veure'm les cames... Oi bufó? Ja ets grandet.

—Calla, que t'haig de parlar seriosament. He descobert que la mare surt amb un home que no és el pare.

—Sí, ja ho sé.

—Ho saps? —suposo que devia obrir uns ulls com unes taronges.

—Sí, no t'esveris. M'ho va dir la setmana passada.

Amb un peu recolzat a la banqueta de l'habitació s'aplicava uns papers encerats a la cama drcta.

—I et quedes tan tranquil·la?

—Què vols? —i va clavar una estrebada al paper mentre remugava—. Cada dia enganxen menys aquests depilatoris.

—I no faràs res?... Què podem fer?

—Res. Ja és prou grandeta, oi? —i sense mirarme, preocupada per la seva cama, que de veritat era molt ben tornejada, va continuar com per a ella mateixa—. Una mica massa i tot. Suposo que no vol perdre l'últim tren...

—Què vols dir, Mercè? —i la meva expressió era de ràbia.

—No t'enfadis, home. És ben senzill. Quants anys té la mare, em sembla que quaranta-cinc...

—Suposo —la vaig interrompre.

—Doncs, si no s'espavila... Ara encara té molt bon tipus. Ja m'agradaria, a la seva edat, tenir la seva figura...

—I això és tot? I el pare, pobre pare?

—Suposo que ell hi deu tenir també una bona part de culpa. En aquestes coses de la parella, tots dos es mullen... El pare és un home ensopit i la mare s'hi devia avorrir força... Tot el dia amb els seus cotxes... Ha... Ha... —va riure d'una manera que em va semblar insultant—. Si almenys fossin d'ell rai... Potser la mare no hauria sortit amb aquest, com es diu?...

—Valls...

—I tu com ho saps?

Li vaig explicar que els havia seguit i el que m'havia dit en «Mochi». Llavors es va posar molt seriosa.

—No és bonic saber que la família corre de boca en boca. Si ho sap la Cati ho sap tothom...

—I el pare ho sap? Potser li hauríem de dir.

—Si no ho sap és que a més de sòmines és beneit... Jo, me'n guardaré prou de dir-li res... I ja n'estic farta, d'aquest ambient de casa... Creu que quan pugui fumeré el camp.

La mare trucava a la porta i entrava tot alhora, tal com sempre solia fer.

—Oh! I quina escena familiar més bonica!... Impressiona veure que els fills ja són grans! —i el to de veu volia ser simpàtic, amb un aire de sorna.

Me'n vaig anar a la meva cambra i em vaig estirar damunt del llit on jeia el Pinxo. Tenia ganes de plorar i no volia fer-ho. La bola de l'estómac es deixava notar i jo sentia fàstic, molt de fàstic. Fins i tot el gat va fer un bot i va fugir del llit i va anar a jeure a la cadira de l'habitació.

El dinar de Nadal de l'any passat el recordaré durant molt de temps. Bé, el dinar sencer no, el primer plat, perquè jo no volia seure a taula, però el pare molt seriós, i diria que fins i tot la mare, van insistir i vaig seure-hi.

—Això de no trobar-se bé i no voler menjar, darrerament ho ha fet diverses vegades —deia la Tata.

—Doncs que vagi a veure el doctor Recasens. Ja li telefonaré que li doni hora —i asseguraria que la mare es va quedar tan satisfeta. Potser exagero, ara que ha passat tant de temps i sóc lluny. Segurament em devia preguntar com em trobava o alguna cosa així. En aquell moment em va semblar que tant se li enfumia jo i la meva salut. De primer plat hi havia «volavans»... Això no es deu pas escriure així. Ai, si un cop l'àvia m'ho va explicar. Es diuen *vol au vent,* lleugers, en francès i m'ho va dir fa tres anys un dia que me'n vaig menjar sis! I per què ho escric? Si en «Foques» ha de llegir un dia o altre aquests fulls, segur que sap de què es tracta. La qüestió és que aquests pastissets, a mi, em tornen boig, farcits de pasta de gambes i peix... Aquí, a casa de Mr. Simpson ni deuen saber què és això.

Reprenc el fil. Acabat el primer plat em vaig ficar al llit i em vaig llevar quan els avis marxaven i el pare i la mare també van marxar plegats. ¿Què es devien dir? Devien parlar del seu problema? Seu? Únicament d'ells? I la meva germana i jo, que no hi pintàvem res?

—Quina vida familiar! —remugava la Mercè, asseguda davant de la «tele» i fullejant una revista del cor—. N'hi ha per llogar-hi cadires... Si ho arribo a saber també em quedo a Barcelona, avui. T'ho ben asseguro!... Tan bé com deuen estar a Andorra.

No sabia com tornar a tocar el tema que m'obsessionava. Em feia certa vergonya, per la mare i per mi. Paraula.

—Mercè... Potser si han sortit tots dos junts s'arreglarà la cosa. Potser la mare li dirà que ha sortit amb en Valls, se'n penedirà i el pare la perdonarà.

Recordo que em va mirar com si jo baixés d'un altre planeta.

—Però què dius?... Mira que ets petit i infeliç. Tot això de demanar perdó i reconciliar-se és de pel·lícula...

Jo vaig pensar que la senyora X i el senyor Y no es van reconciliar, però Déu me'n guard d'explicar la pel·lícula a la meva germana que ja tornava de l'assumpte o almenys m'ho volia fer creure. Ella va continuar:

—El pare i la mare no s'estimen i punt.

—No és veritat —vaig saltar—, el pare sí que l'estima.

—Com ho saps? Qui t'ho ha dit?... El pare està molt estrany darrerament.

—No, però n'estic segur...

—Suposem que sigui veritat. La mare no l'estima... I sàpigues, germanet, que la mare té dret a viure la seva vida amb en Valls o amb qui vulgui. Ella ha esperat, m'ho va dir, que fossis gran i que ho poguessis entendre i punt.

Estava tan tranquil·la o almenys ho semblava i a mi em posava negre la seguretat amb què deia «i punt».

—Mercè, a tu no et sap greu?... No et fa ràbia?...

—Què vols que et digui?...

—I la Tata? —se'm va ocórrer de comentar.

—Ja s'espavilarà, suposo.

—I tu? I jo?...

—Per mi no cal pas que t'amoïnis. Ja m'organitzaré... I pel que fa a tu, ara deuen parlar d'aquestes coses... La teva situació l'han de deixar resolta.

No li vaig dir res més. Pensava en els avis. Ells no devien saber-ne res encara. No haurien sabut dissimular a l'hora de dinar. Vaja, a l'hora del primer plat quan tothom semblava la mar de content. Quin Nadal! Quanta hipocresia, tots plegats!... O és així la manera de resoldre aquests assumptes de les separacions?

Devien ser quarts d'onze de la nit que em va telefonar la Mònica.

—T'invito a passar dos o tres dies a Santa Cecília de Montserrat en unes trobades. T'agradarà, ja ho veuràs...

—...

—T'interessarà, es parlarà del Tercer Món. Ho farem en tres grups que ens prepararem tres temes: el problema de la fam, el de l'economia i el de la cultura en els països africans i asiàtics. Hi haurà qui ho ha preparat a fons... En Toni i la Roser que són molt macos han llegit moltes revistes i llibres...

—Ah, sí?

—Sí. I un altre grup tocarà uns temes més propers, que es refereixen a Catalunya: l'atur aquí, al país i el paper de l'Església en la nostra societat tecnificada i consumista. Vindràs? Ja veuràs que està bé, tu, i no és gens «kumbaià» ni de «Xiruca»...

—Què vols dir?

—Que l'ambient és modern i que no és «rotllo.» T'ho asseguro...

—No sé si vindré... No em «mola» gaire...

—Però què et passa? Encara estàs enfadat o empipat amb mi?... Aquesta és la sorpresa que et vaig dir que volia donar-te... Se't veu fumut últimament...

—Mira, no sé. En altres circumstàncies segurament vindria... Però ara, no em ve de gust, «tia»... Ja t'ho explicaré...

Quan vaig penjar el telèfon, vaig dubtar. Què m'importaven llavors a mi els problemes del Tercer Món? Sí que eren temes bonics. Però i el meu problema? Estava convençut que era el més gros del primer, del segon i del tercer món. I l'Església, avui a Catalunya? Em deixava indiferent. Si anava a Montserrat potser podria parlar llargament del meu problema amb la Mònica i, com reaccionaria? De veritat que ho vaig deixar córrer perquè vaig pensar que era massa assenyada i em diria paraules i paraules. És clar, que hi podia fer ningú?

No vaig anar a les «trobades» i els dies de vacances de Nadal em va agafar una apatia que no tenia ganes de fer res. Diverses tardes vaig anar al cinema, a vegades tot sol i altres amb algú de la classe. Les pel·lícules que vaig veure em van ser completament indiferents. El film que no em treia del cap, i ja sé que ho he repetit, però és que avui encara el veig, era el de la senyora X i el seu marit Y, que matava un home per amor. Sembla estrany, oi?... Que una cosa que saps que és de ficció em pogués arribar a impressionar tant. O era jo llavors una mica estrany? Ara penso que potser hauria hagut d'anar a veure un psiquiatre, però, llavors, qui m'hi hauria acompanyat? I què li hauria dit? Que sabia que la meva mare era infidel al meu pare?... Una cosa que es veu que és tan freqüent...

La tarda del dia set de gener em trobava a la meva habitació intentant resoldre uns problemes de «mates», per allò que era el darrer dia de vacances i en Vallespirnoff era un «profe» molt estricte en la presentació dels exercicis. Tothom ho sabia. Les derivades no em sortien ni a cops de canonades quan va entrar la mare a la cambra.

Jo no m'havia assabentat de si era a casa o no hi era. Va entrar com sempre, picava a la porta i ja era a dins. Tinc l'escena clavada al cap. Primer va seure al meu llit i jo seia a l'escriptori. No em vaig moure ni vaig aixecar el cap del damunt del paper on feia, diguem-ne, gargots amb el «boli», per cert molt bo i amb el qual ara escric aquests fulls, que m'havien dut els Reis. Va restar una estona asseguda. De sobte s'alçà i es col·locà al costat de la taula. La vaig veure de reüll i em va semblar molt maca. Em va semblar elegant i esplèndida, de cos vull dir, de tipus, de línia.

—Pere, fa dies que et volia parlar, però no coincidíem mai.

De moment no vaig dir res i després fluixet com per a mi mateix:

—És clar, no ets mai a casa.

Es féu un silenci per a mi massa incòmode. Si havia sentit la meva frase, va dissimular.

—T'haig de dir una cosa, Pere, que suposo que comprendràs...

—Ja ho sé —la vaig interrompre—. Enganyes el pare. Li poses banyes.

Crec que ho vaig dir amb ràbia i no ho hauria hagut de fer. Em va posar la seva mà sota la barbeta i em girà la cara per mirar-me als ulls. En sentir la mà, tan fina i d'una manera que em semblava que era com ho feia anys enrere, i de veritat que això no és literatura, em vingueren les llàgrimes als ulls. Ella també els tenia entelats.

En un instant vaig pensar: «Si el temps pogués tornar enrere, cinc, sis anys, quan m'acaronava i jo sentia que m'estimava».

—Per què m'ho dius així? Ets... Ets brutal amb mi. Surto amb un home de qui estic molt enamorada...

—Ja ho sé, en Valls, que té un cotxe vermell i sembla més jove que tu —el meu to era de menyspreu i vaig engegar-li allò de què m'he penedit més d'un cop: —No ets una mica massa gran per fer una cosa així?... Potser ja se t'ha escapat el tren dels enamoraments —i jo recordava el que m'havia dit la Mercè, del darrer tren.

Va enretirar la mà de la meva barbeta i es va cobrir la cara amb les dues mans. Sanglotava i movia les espatlles i els pits sota un jersei tibant, els quals a mi em van semblar els més ben fets del món. Immediatament em vaig penedir del que havia dit.

—Jo... Jo... Escolta...

—Si no fas un esforç per a voler comprendre'm, deixem-ho córrer... Tu seràs el primer d'avorrir-me i qui em sabrà més greu que ho faci.

Em vaig alçar de la cadira i em vaig quedar

plantat davant d'ella. No sabia pas què fer ni què dir. Jo volia abraçar-la i no gosava. M'agafà suaument del braç i m'assegué al llit al seu costat.

—I el pare?... Pobre pare!... —vaig dir amb un fil de veu.

—El teu pare no ha fet res per evitar el meu distanciament... L'amor, i algun dia ho sabràs, Pere, en totes les etapes de la vida és cosa de dos...

—Ell t'estima...

—Ho hauria demostrat... Ho penses tu perquè l'idealitzes... Com saps que vaig amb en Jordi Valls?...

Li vaig explicar que els havia seguit, la conversa amb la Tata i el que em va dir en «Mochi» al club.

—He estat una estúpida. T'ho hauria d'haver dit fa un parell de mesos quan tot va començar... Em feia por que ni la Mercè ni tu ho comprenguéssiu... Quina vergonya!...

—I ara què? —vaig dir neguitós.

—Pere, necessito algú que m'estimi i estigui per mi... Fa molts anys que el pare no em fa cas...

—Va escopetejat per la feina, per comprar-te coses. Ara vol comprar un apartament a Llafranc...

No sé pas si em va sentir o no va entendre això darrer, perquè va seguir el seu fil de pensament.

—Quan vosaltres éreu petits vaig tenir una aventura amb un estranger. Jo era jove i em sabia molt bonica... I va ser una aventura, suposo que duta per la meva vanitat de saber-me bonica i veure'm cobejada per un altre home que no era el meu marit... Creu, Pere, que me n'he penedit i molt. El que m'ha passat ara és una altra cosa... Em falta amor. Necessito comprensió... He patit massa...

—I la Tata i el pare, pobre pare... —sé que anava repetint jo, mig sanglotant.

—Són coses que s'han de resoldre... Tu ja podràs escollir si vols viure amb el teu pare o amb mi... El que sí que et demano és que facis un esforç per comprendre'm i que no m'avorreixis...

Ella em demanava a mi que no l'avorrís?

—I tu, que no ens has avorrit a tots, la família, tots? —vaig engegar amb brusquedat.

—No, creu que no us he avorrit... He aguantat molt de temps, però ja no puc més i penso que als meus quaranta-cinc anys puc encara refer la vida...

Vaig somriure amb aire de superioritat i vaig dir:

—Sembla de novel·la barata, això...

—El que vulguis... És la veritat, —i de sobte digué—: he fet moltes ximpleries, i sóc la primera a reconèixer-ho, però el teu pare no m'ha entès d'uns anys ençà... L'apartament de Llafranc... I què?... És una altra cosa el que necessito.

La demanaven per telèfon, segons cridava la Tata des de l'altre extrem del passadís i va marxar de l'habitació. La darrera frase que em va dir va ser:

—Pere, t'ho suplico, vulgues entendre'm... I estima'm, si és que pots...

No sé quanta estona vaig romandre assegut a l'escriptori i fent ratlles i cercles sobre el paper dels problemes. La mare darrerament havia estat una desconeguda per a mi i ara se m'havia sincerat.

I em demanava que l'entengués, ella a mi!... De moment vaig quedar desconcertat, ara, però, ho veig clar. Va actuar com si jo fos més gran del que llavors era. A veure si m'explico. Jo era tímid i de la vida, no en sabia de la missa la meitat... Bona expressió, oi «Foques»?... Ara, aquí a Greenville sí que em trobo més gran. Si ara em tornés a passar el que va succeir, segur que reaccionaria diferent i, sobretot, no patiria tant com vaig patir aleshores. I solament jo vaig patir? La meva mare també Déu n'hi do! No devia passar per un camí encatifat, suposo... Vaja, quina altra frase! Em sembla que ara que fa un parell de mesos que escric aquest diari o memòries o el que sigui em sento més segur en escriure. Quan ho rellegeixo m'agrada més...

8

EN TORNAR A L'INSTITUT el meu estat d'ànim depenia dels dies, gairebé diria que segons les hores o les classes. La «Filo» tornava a interessar-me i els passadissos del tercer pis no em semblaven tan tètrics. És curiós com influeix el fet de trobar-te millor del cap, vull dir, psicològicament, en la manera de veure l'ambient que et rodeja. La història, de totes maneres continuava essent un desastre, per a mi i per a tota la classe. I les «mates» només per a mi. M'havia endarrerit massa i no en rascava ni una.

A final de gener va passar a l'Institut una cosa que de poc no porta cua i acaba tràgicament. Un dia érem al vestidor dels nois del gimnàs, ja que havíem acabat la classe de gimnàstica. A la banqueta sèiem de costat en Quintana, en «Bufa» i jo. En «Quinta» i en «Bufa» parlaven de futbol, tal com acostumaven i tal com jo ja havia notat, amb molt d'apassionament. Tots dos són, o eren, del Barça i discutien sobre la polèmica entre Venables i Schuster, a veure qui tenia raó. Més o menys anava per aquí la discussió.

—Sembla mentida que no comprenguis que

Venables com a entrenador ha de fer passar pel tub Schuster, que en el fons és un «xulo» indecent...

—Schuster és el que juga millor de l'equip i s'ho fa valer i té tota la raó...

Que si, sí, que si, no, el to anava pujant i ells s'anaven acalorant.

—El que no té són «pebrots» per a plantar-li cara i va sempre fent declaracions d'amagat...

—Que no té «pebrots», per descomptat que en té més que tu i ara tot l'institut ho podrà jutjar! —va cridar en «Bufa».

Jo no sé si ho va fer com una gracieta o d'emprenyat que estava. La qüestió és que li pren de la banqueta els pantalons d'una revolada i des d'un finestrot que donava en un carrer per on no hi passen mai cotxes els fum fora de l'Institut. Òndia la que es va organitzar! En Quintana es va ficar amb tota la família Bofarull i el molt penques pujà fins a la planta de l'Institut, en calçotets, naturalment, passà pel mig de pares i mares i ex-alumnes que feien cua a la finestreta de secretaria i es plantà al despatx del director.

Diuen els qui ho van veure que en Vallespirnoff es va tornar de color blau, tirant a moradenc i es mossegava la llengua per a no perdre la calma. El resultat va ser que en «Bufa» va restar tres dies a casa, amb carta del «dire» i advertència seriosa als seus pares.

Jo em preguntava, com haurien reaccionat els meus pares en un cas així? I, sincerament creia que la mare hauria anat a veure en «Vallespirnoff», tal com va fer la senyora Bofarull.

Aquests mateixos dies la de química em va enviar a la sala de professors a buscar un llibre al seu armariet. A «Alcatraz», vull dir la sala de «profes», que nosaltres li dèiem així pels facinerosos que hi passaven l'estona, solament hi havia en «Foques».

—Ep, Molins, fa temps que volia parlar amb tu... Què et va ocórrer a final del trimestre passat que vas baixar tant de rendiment?

—No ho sé... Res, res...

—Escolta, «xava», voldria parlar amb tu. Vine, a la tarda, a la sortida. Seré al seminari.

En «Foques» ja m'esperava, assegut a la taula enfront d'uns retrats de l'Espriu i d'un cartell de la Crida.

—No t'invito a fumar, perquè ja saps que els de la Generalitat diuen que solament es pot fumar al bar i al pati —i amb tota parsimònia encenia un puret dels que solia fumar i que fumien una pudor que et tombava d'esquena.

—A tu te'n passa o te n'ha passat alguna.

—Mira, no sé...

—No m'enredis que se't veia molt estranyot abans de Nadal... Alguna mossa? Has caigut al pou sense fons de l'amor? —demanava.

—Potser sí, però no és precisament això...

I li vaig explicar tot, fil per randa... I aquesta expressió l'acabo d'escriure pensant en ell, certament. Jo hauria escrit que li vaig explicar tot el meu problema, «pe a pa»...

L'home, mentre jo parlava, s'anava tornant seriós i s'acaronava aquell mostatxo que dèiem, en pla de broma, és clar, que era un niu de rates. Al final em va dir:

—Molins, t'ho deus haver passat «pu...» —i ell mateix es va corregir— molt malament, oi?... Jo només et podré dir bones paraules...

—Ja m'ho penso.

Es va posar dret i es va passejar al llarg de la taula.

—Perquè ets tu, amic Molins, que ho has de superar i assumir... Tu, «xava», tu! —i amb el dit, perquè ben mirat era una mica teatral, feia certa comèdia, tot i que el considero un home extraordinari, m'apuntava al cap—. Pensa una cosa, grava-te-la aquí, entre cella i cella: ets tu qui has d'organitzar la teva vida. No ho faran ni la teva mare ni el teu pare... Ells viuen la seva i la seva responsabilitat. Això sí, no els guardis rancor. Intenta comprendre la teva mare...

—Ella també m'ho va dir...

—Tu no saps el que ella pot haver patit... I el teu pare! Molins, jo sempre penso que nosaltres no som ningú per a jutjar el comportament dels altres... I ja saps, perquè ho dic a classe, com pateixo quan haig d'avaluar —i va dir per a ell mateix—: De veritat que no sabem què hi ha darrere d'aquests marrecs... I nosaltres, tan tranquils...

Vam parlar una estona més. Em va demanar si la *Pilar Prim* m'havia semblat molt «rotllo».

—Home...

—És clar, amb tot això que passes! Ara en llegireu un de divertit, vaja més divertit.

Em va acompanyar a la porta.

—Vine a parlar sempre que vulguis i escolta, escriu tot el que et passa. Ja veuràs com ho descarregaràs sobre el paper i t'ajudarà a veure-ho diferent...Mira, el curs que ve, potser no em tindràs de català, però vine i m'ensenyaràs els fulls que hagis escrit... Ep, no per compromís, sinó els que hagis escrit sincerament.

—«Foques» i com et faré arribar jo aquests fulls? Bé, ja ho veurem, ja ho preguntaré als Simpson...

A casa, la situació marxava... No sé pas com marxava. La Tata, pobra dona plorava pels racons i a cada moment compadia el pare. Estic segur que ella estava obcecada i que encara el devia veure com el nen que era quan va fer la primera comunió. El pare cada dia semblava més fumut i tingués o no tota la culpa, una part o gens, a mi em feia llàstima, vertadera llàstima. Gairebé no parlava i es tancava al seu despatx a fer números i més números. Jo no gosava dir-li res. El dia que va parlar i va escridassar la Mercè, vaja, ben bé no va cridar, li parlava molt secament, va ser quan ella va dir que deixava d'estudiar per anar a vendre en una casa de discos d'un amic seu, un tal «Rafa», que em sembla que era el noi que li telefonava per anar d'excursió els caps de setmana. Quan va acabar amb la Mercè va venir a la meva habitació... I ara que hi penso, quantes hores que vaig passar a l'habitació l'any passat!... Bé, el pare em va dir baixet, havia canviat de to i semblava que la veu no li sortia del coll de la camisa:

—Pere, pel que més vulguis estudia... Treu el curs i fes una carrera... Acaba el batxillerat i fes una carrera amb bones notes. Si jo hagués tingut un títol universitari hauria triomfat... N'estic segur...

És clar, era el que ell no havia pogut fer o no

havia volgut fer per poder casar-se abans amb la mare. Eren altres temps i la cosa devia haver anat així. Pobre pare, quan sortia em va semblar que deia o potser són suposicions meves:

Tot s'enfonsa... Tot s'enfonsa...

No sé si era a final de gener o a primers de febrer, perquè em passa que recordo molt bé els esdeveniments i les converses però em perdo quant a la situació exacta dels dies, que vaig sortir sol amb la Mònica, ja que ella m'havia telefonat. A l'Institut semblava que m'ignorés, només em parlava en grup i jo ho atribuïa al fet que estava enfadada per no haver volgut anar a Montserrat a les «Trobades». D'altra banda, els dies més forts del meu problema, vull dir quan estava més angoixat, ni em recordava que existís, per tant, em deia, que no en devia estar tan enamorat o potser l'amor té alts i baixos. A classe, la Mònica em carregava una mica, ja que les seves intervencions quan algun «profe» demanava quelcom eren sempre encertades i precises. I ella ho sabia i mantenia un to una mica de superioritat, malgrat dissimular-ho. Com se'n diu d'això? Falsa modèstia.

Bé, vam anar en un bar i jo, força més asserenat, vaig explicar-li la qüestió de la meva mare. No em va dir pas, com deus haver patit, no. Que potser no hauria patit ella? Ara que ben mirat, per què volia jo que es compadís de mi? Pensant-ho bé, és agradable inspirar una certa llàstima als altres.

—Jo, ara fa tres anys, quan va morir el pare vaig tenir una sotragada molt grossa, molt. Ho he superat amb l'ajuda de la mare que va ser una dona forta en tot temps...

—Sí, però jo no tinc qui m'ajudi.

—Noi, Pere, si puc fer alguna cosa, creu que la faré...

I prou. Vaig quedar més tranquil després d'haver parlat amb en «Foques» que amb la Mònica. Evidentment, ell pel seu ofici sabia més de tractar la gent. Ah, sí; se'm va ocórrer explicar a la Mònica com m'havia impressionat aquella pel·lícula que havíem vist junts i se'm va plantar a riure.

—No siguis «crio». Aquestes coses només passen en el cinema. Exageren, si no no hi hauria argument...

No se li va ocórrer veure-hi una similitud entre la senyora X i la meva mare i entre l'enfonsament del senyor Y i el pare. Aquells dies, la veritat sigui dita, ja no hi pensava tant en la maleïda pel·lícula. Quedava ja llunyana. Potser sí que anava teixint aquell vel que deia en «Foques», que et fa veure les situacions amb una perspectiva diferent.

Recordo que, de sobte, la Mònica va començar a parlar del Tercer Món i a explicar les discussions que havien tingut a «Trobades». Jo callava, però ara ja no m'enlluernava com la primera vegada que em va parlar d'aquests temes. Potser ho va fer per canviar de conversa i distreure'm o, tant l'obsessionava la qüestió? A mi, francament, llavors el Tercer Món em quedava llunyíssim, vull dir en l'interès és clar. Devia ser per egoisme, però jo m'adonava que el meu món, tan petit i limitat tenia un problema que era per a mi el més gros del món... A veure... Quina redundància! Ara no ho esborro, ja ho canviaré si algun dia passo aquests fulls en net...

9

La TATA I JO érem sols a casa. La Mercè moltes nits no venia a dormir, devia fer-ho a casa d'en «Rafa». La mare havia anat a Albacete a veure els *abuelos.* Els devia voler explicar la situació i, a mi, ara més tranquil, em semblava bé. Almenys, pobra gent, que no ho sabessin per terceres persones. I el pare havia anat, feia una setmana, a Suïssa, per un assumpte de la importació dels cotxes, d'aquells «Toiotes» que l'entusiasmaven. Ell, d'estat d'ànim havia canviat una mica o, si no, m'ho semblava. D'estar tan abatut havia entrat en un cert estat de nerviosisme i excitació. Parlava i parlava dels cotxes i del benefici que li pertocaria amb la seva importació.

Amb la Tata teníem llargues converses. Ella parlava i jo escoltava. M'explicava coses de temps antics i sobretot del pare, i com ella sempre havia temut que el matrimoni del pare i de la mare acabaria malament. I és curiós que sovint era jo qui li donava ànims. Quin canvi, oi? Principalment quan em deia:

—I què faré jo, pobra de mi?

Perquè cada cop estic més convençut que el

problema propi és sempre el primer, per molt que estimis els altres que també viuen la mateixa situació.

—Dona, Tata, pots fer mil coses. Anar a viure amb els nebots de Calaf o a casa dels avis Molins... I ens continuarem veient, dona, només que no viurem plegats...

Devien ser dos quarts de dotze de la nit que van trucar per l'intèrfon de la porteria. En castellà em van dir:

—*«La policía. Traemos mandato judicial. ¡Abran!»*

Vaig tardar a pitjar el pulsador perquè semblava que no tenia forces.

—Ai, Senyor —gemegava la Tata mentre pujava l'ascensor—, el que ens faltava, un accident...

Eren dos homes joves i em va semblar que anaven ben vestits, un duia corbata i tot i lluïa un bigoti que recordava el d'en «Foques». I, precisament, després me'n vaig adonar que era el que feia de dolent, ja que es veu que és una tàctica que adopten per fer xerrar la gent. Jo estava cagat de por, i perdó, però era la veritat. Com un tret em va venir un mal de ventre fortíssim i és que mai no havia vist dos «pasmes» tan de prop.

—Tu deus ser el fill del senyor Jaume Molins —va començar en castellà el que feia de bo.

—*«Llámale señor al tío ese, joder, menudo pájaro está hecho el cabrón de tu padre»* —el va interrompre el del bigoti gros.

Al mateix temps m'ensenyaven uns carnets dintre d'unes carteretes i un paper escrit a màquina amb un segell.

—Estàs sol, noi? Aquesta senyora deu ser la *chacha*, oi? Mira, «xava», hem de mirar els papers que el teu pare pugui tenir a casa, saps?

En aquell moment, i ara em fa gràcia, però, el primer que vaig pensar fou: el pare ha matat el senyor Valls. El senyor Y ha assassinat el senyor Z.

—Què ha passat? —vaig gosar demanar amb una veu tan minsa com jo mateix, que em sentia menut, menut. La Tata plorava asseguda en una cadira del rebedor.

El del bigoti va engegar:

—Quasi res, que el teu pare ha volat a Suïssa amb cent milions de peles... És que n'hi ha cada un... I després diuen que amb la democràcia farem el país gran. No et fot!...

—No parlis així, «Tono». Mira, noi, fa quatre dies que vam rebre una denúncia d'un desfalc de diners a l'empresa d'importació de cotxes on treballa el teu pare. Els amos diuen que ha fugit a Suïssa amb cent quilos...

—Com? —vaig demanar.

—Bé, amb cent milions...

—Òndia...

—Tranquil, noi, tranquil —va continuar el que després vaig saber que es deia «Xavi»— nosaltres sospitem i el jutjat també, que el teu pare va passar aquests diners per ordre dels amos. Evasió de capital, saps?... Però ells, els amos, tenen els ronyons ben coberts perquè el teu pare, que tenia signatura als bancs, havia tret, dos dies abans de marxar, aquests diners...

—Però com podia passar cent quilos? —vaig fer jo.

—Per què perds el temps explicant-li-ho? Va, anem per feina que és tard...

—Espera, carai, jo vull dir-li com ha anat la cosa. Mira van seguir el sistema que tenien per a importar cotxes. Tot ben legal, amb un xec de cobrament internacional... Ens hem assabentat que el teu pare se n'encarregava, però els cotxes els importaven sempre a través de París i no de Suïssa...

—Ell darrerament parlava d'uns Toiotes...

—Tant de bo que sigui així. Però hi ha una denúncia dels amos, i aquests sí que em sembla que són un bons «pájaros», contra el teu pare... Ensenya'ns on tenia els papers de la feina ja que ens han dit que sovint s'enduia a casa dossiers i carpetes.

Van regirar tots els papers dels calaixos de la taula del despatx del pare. En «Xavi» ho feia amb un cert compte, l'altre, el del bigoti, molt barroerament. M'ho mirava des de la porta i mentalment deia: «Déu meu, Déu meu, que trobin el paper que fa falta». I no sabia què devia dir aquest paper, però estava convençut que hi havia de ser i que justificaria l'actuació del pare. I el paper no va sortir ni aquella nit ni dues vegades més que van tornar. Els policies se'n van anar que devien ser les dues. La Tata no s'havia mogut de la cadira i gemegava:

—En Jaume ha robat... En Jaume ha robat... Pobre Jaume... I la culpa ha estat d'ella...

Em semblava que les parets del pis ballaven i que el terra era tou. Suposo que era perquè les cames no em sostenien. Tot se m'enderrocava de nou i vaig notar que plorava de llàstima. De pena per al pare. I ho vaig veure clar, l'apartament, el negoci que li havia de sortir bé... Pobre pare! Pobre senyor Y!...

Vaig trucar tot seguit a en «Foques». Malgrat l'hora que era, va ser la reacció que vaig tenir. A l'altre costat de la línia se sentien veus. El «profe» tenia uns amics a casa fins tan tard perquè l'endemà era dissabte.

—Què passa, Molins?

—Ha vingut la «poli» a casa i diuen que el pare ha fugit a Suïssa amb cent milions de l'empresa de cotxes...

—La pu...! Coll...! ...Estàs sol?

—La Tata és amb mi. No hi ha ningú més a casa...

—A veure, deixa'm pensar... Perquè tu deus estar desfet, oi?... Que bèstia que sóc, és clar... A veure, ara vindrem la meva dona, jo i dos amics més a casa teva i passarem la nit amb vosaltres. Ara venim i tranquil, no prenguis res, ni tu ni la Tata...

A casa, en «Foques» va dir que venien una colla perquè, si de cas la cosa es complicava, hi haguessin testimonis que no havien remenat res. La dona d'en «Foques» em va semblar lletja però molt agradable. Potser algun dia la torni a veure... Havia portat til·la i va fer molt costat a la Tata. Dels altres dos, un era escriptor i l'altre un psicòleg que al cap d'una estona es va adormir al sofà del menjador.

Tots ens volien tranquil·litzar.

—Si el teu pare no té culpa, la cosa s'aclarirà...

—I si en té, Molins —recordo que em va dir en

«Foques»—, pensa que la teva vida és teva. Ja t'ho vaig dir no fa pas gaire... I no t'has de sentir responsable pel que hagi pogut fer el teu pare. És molt fort, però és així...

Jo no deia res. La Nuri, la dona d'en «Foques», repetia:

—Són dos cops molt forts i tan seguits!... Pobre noi!...

Tots van marxar que ja hi havia claror de dia i la Tata i jo vam anar a dormir fins al migdia. Suposo que ells també ho devien fer. Jo vaig dormir perquè estava retut de cansament. Vaig despertar-me torbat i els dies següents van tornar a ser terribles, més que quan vaig saber allò de la mare. Fins i tot pensava que més em valia morir. Paraula. No pas suïcidar-me, però pensava, un cop mort s'ha acabat tot. O no s'ha acabat tot com creu la Mònica? Però la «depre» no em va durar tant com abans i la reacció meva fou que em vaig posar a pencar com un lladre. I m'adonava que m'anava bé. Fins i tot «empollava» la història, que ja n'eren ganes, perquè en Pàramo encara explicava la *«unidad de España de los Reyes Católicos»,* que era el seu tema preferit. Les «mates» em costaven Déu i ajuda i em van servir força, per entendre-les, les explicacions d'en Quintana, tot i que no érem pas gaire amics.

A l'Institut sabien que el meu pare havia fugit a Suïssa amb un munt de milions. No crec que ho digués en «Foques», sinó que ell ho devia comentar amb els «profes» en alguna de les reunions prèvies a l'avaluació i algun se'n devia haver anat de la llengua. De totes maneres les coses tard o d'hora se saben i a més, per què me n'havia d'amagar? «La meva vida era meva», oi?... Pobre pare, haver arribat a això!...

La mare va tornar el dimarts d'aquella setmana i quan la Tata li ho va dir, jo no era a casa, es va posar a plorar com una magdalena. Quan vaig arribar em portà a la seva cambra i sanglotant em va preguntar:

—Tu deus pensar... Que el desfalc del pare... Ha estat per culpa meva, oi?

No sabia què respondre-li, ja que pensava que en el fons era així.

—Potser indirectament... Ell volia comprar-te un apartament...

Va saltar amb fúria, però amb un to dolgut.

—Un apartament... Maleït apartament!... Tothom dirà el mateix, que la culpa ha estat meva, de la malgastadora de l'«Angus»... I ningú no sap els anys de silenci i la falta d'amor que jo he patit!... No em fa cap falta l'apartament... L'amor sí que me'n fa.

Es va calmar una mica i va continuar:

—Pere, jutja com vulguis...

—Jo no vull jutjar, ni a tu ni el pare...

—Bé, es igual, però pensa que això d'en Jordi i jo...

—Quin Jordi?

—En Jordi Valls, ha estat una coincidència amb la fugida del pare... Ell em comprèn i m'estima.

L'endemà em va tornar a dur a la seva cambra.

—Pere, la Mercè diu que no vol tornar aquí, a casa... Vaja, la que ha estat fins ara la casa familiar —i amb un rictus d'ironia va afegir—. Els advocats ho diuen així... La llar familiar...

—I què farà?

—Com que guanya diners o bé viurà sola o amb aquest xicot de la botiga de discos...

—I la Tata? —vaig saltar.

—Anirà a viure a casa dels avis Molins. No vol anar a Calaf amb els seus nebots. Diu que la seva família són els Molins —i per a ella mateixa va afegir—. Mentre en quedi algun, suposo...

—I tu, què faràs?

—Jo començaré els tràmits de divorci... Si el teu pare no torna i tothom creu que no tornarà...

—No?... No tornarà?...

—No sé sap ben bé de qui és la culpa. La policia creu que dels dos socis de la casa de cotxes, però el delicte l'ha fet ell.

La paraula delicte em va sonar com una punxada a l'orella. El pare delinqüent! Amb la quantitat de gent que roba i estafa i no els passa res, i els veus al diari i a la «tele» tan tranquils!

—I no els poden provar res... Vés a saber si ja s'ho tenien parlat.

—Qui?

—El pare i els amos del negoci. El secretari del jutjat diu que n'ha vist altres casos. El que treu els diners té un vint-i-cinc per cent, i al cap d'un temps es retroben tots a Suïssa...

—Tu ho creus?

—Jo ja no crec res. No sé pas què dir-te... A veure, dintre de dos anys, més o menys, em donaran el divorci per abandonament conjugal o alguna cosa així... Vols viure amb mi?...

—I amb en Valls?...

—Sí, és clar.

—No! De cap manera.

—No coneixes en Jordi, és ben diferent del que et penses...

—No vull conèixer-lo... No tinc cap motiu per conèixer-lo.

—Si no vols viure amb mi, el jutge ordenarà que es faci càrrec de tu el Tribunal Tutelar de Menors, almenys fins que compleixis divuit anys... Si no és que vulguis anar a viure amb els «vells»...

—Quins vells?...

—Els avis Molins.

No m'ho vaig pensar gens.

—Vull anar a viure amb els avis i la Tata... I m'enduré el «Pinxo».

La meva afirmació tan rotunda la va contrariar i va canviar el to dur. Em va dir que amb en Jordi i ella estaria molt bé, que tindria llibertat d'entrar i sortir, que em pagarien la carrera que volgués i altres coses semblants. En el meu esquema mental... Òndia que rodó que m'ha sortit... Jo creia que el començament del desenllaç final l'havia provocat en Valls i no tenia per què fer-m'hi. Tan tímid com era i em vaig mantenir ferm en la decisió.

Recordo el dia que em va cridar el jutge, que era un bon home, almenys ho semblava. I va voler parlar amb mi a soles i en català. I li vaig explicar tot el que m'havia passat i el que creia del pare.

—El cas del teu pare és diferent del teu, noi. Ell està acusat de rebel·lia i ho té malament, la veritat. Segons la llei és culpable ni que l'hagin induït els amos de la casa de cotxes... Tu estàs en edat d'estudiar. Ets bon estudiant?...

—Miri... Se... Senyoria...

—Deixa't estar de romansos, noi...

—Doncs miri, entre juny i setembre he anat traient el batxillerat cada any.

—I aquest curs l'aprovaràs? Les «mates» són dures, oi? És el que us costa més.

Em vaig quedar parat. Devia tenir algun fill o filla que estudiés tercer curs.

—Amb una mica de sort les treuré... Ara, estudio fort.

—Podràs anar a viure amb els avis Molins, oi que es diuen així? Són bona gent i tindran cura de tu...

De sobte em va dir:

—Deus haver patit molt... Pensa, però...

I jo estava segur que em diria que la meva vida era meva i no sé pas si vaig somriure. Però no, em va engegar:

—Que ho has de superar i que has de ser un home de profit...

Hi he pensat en això. De profit per a qui? Suposo que deu ser per a la societat, en general. Per a una societat que enganxa els que fan estafes petites. Perquè després em van dir que hi ha evasions de capital de centenars i centenars de milions en què es troben embolicats gent que figura molt i que sembla la mar de respectable. En fi...

És clar que no ho vaig dir al jutge. Em va acomiadar amb una estreta de mans. I era una mà forta, no era tova, no.

—Sí, senyor... Gràcies...

10

A CASA ELS AVIS, hi estava bé. No podia pas queixar-me de res. Em van preparar una habitació per a mi i una altra per a la Tata. I l'àvia amb una certa angúnia va acollir el «Pinxo», que el molt ximple, el primer dia es va embrutar fora del caixonet amb sorra.

Vivien al carrer de Ferran, a la part vella de la ciutat en un pis enorme, on feia un fred que pelava, amb uns sostres de quatre metres d'alçària i força més lluny de l'Institut. Havia d'agafar dos autobusos o anar amb el metro i a mi sempre m'ha fet una certa cosa el viatjar per sota terra. El millor era pujar Rambla amunt i estalviar-me un autobús. I mentre caminava per la Rambla, amunt o avall, aquells mesos vaig pensar molt. I anava una mica com si no hi fos tot perquè un dia un parell de nois, ara hauria de dir més alts i grossos que jo, però em sembla que no eren pas més forts que jo, em van atracar. I no sabia què em deien, no els entenia, capficat com estava en les meves coses, vaja, en la meva cosa que llavors era únicament la qüestió del pare. Un d'ells va treure una navalla i li vaig donar les cinc-centes pessetes que duia al damunt.

Bé, els avis eren dues persones extraordinàries, sempre tan polits d'aspecte i sense dir mai una paraula més forta que l'altra. L'avi es passava moltes hores en una habitació que donava a la galeria del darrere, amb les pinces a la mà col·locant els pals i el velam als vaixells en miniatura i, paraula, mai no li queia una peça a terra ni una taca de cola d'enganxar al jersei. A mitja tarda, quan l'àvia li entrava una tassa de te, una tassa xinesa de porcellana transparent on veies les cares d'uns personatges a contraclaror, ell li donava les gràcies i li prenia un moment la mà. I les seves cares canviaven, era com si s'il·luminessin.

Únicament tenien un defecte, i ben mirat no és pas cap defecte, dues tardes la setmana havien d'anar al cinema. I quan en la pel·lícula, perquè jo els vaig acompanyar alguns cops, sortia una senyora mig nua o hi havia una escena d'amor al llit, l'àvia es neguitejava tant que es posava a explicar-me en veu alta una cosa ben diferent del que vèiem. Amb grans protestes dels veïns, és clar.

Jo ja els havia tractat els estius al Masnou, però allà la vida era diferent, com més desordenada o potser no m'havia fixat en els detalls de la seva personalitat. Aquí, al carrer de Ferran, la pau i el silenci que es respiraven em van fer molt de bé a l'esperit, vull dir que, a poc a poc, no m'obsessionava tant pel que devia fer el meu pare i sobretot em va anar bé per a estudiar. Jo sabia que l'avi vivia de la pensió de jubilat i potser d'alguns estalvis que tenia i, els primers dies, no gosava demanar-li diners. La veritat és que en necessitava pocs, però vaig haver de comprar alguns llibres i les targetes de l'autobús i també volia fer alguna anada al cinema pel meu compte. Cada dissabte l'avi se'm feia el trobadís i amb un somriure em demanava:

—Con anem, Pere?

—Miri, bé —perquè sempre li he parlat de vostè.

—Té, per a les teves coses... Però vés amb compte, que ja ho veus que, molt grassos, no hi anem —i es ficava la mà a la cintura del pantalon i somreia d'una manera especial.

I l'àvia? Que un bon dia va prendre per costum tenir-me un pastisset a punt, quan tornava de l'institut a la tarda! Quina dona! Ella i la Tata xerraven estones llarguíssimes i la Tata sempre anava fent el ploramiques i tirant els mocs nas amunt. L'àvia, mai. I no cal dir l'avi, que tampoc no va fer el ploricó davant meu. Quan parlaven dels pares, ja fos del pare o de la mare, ho feien com d'unes persones històriques, vull dir molt llunyanes en el temps, i amb gran delicadesa. I, evidentment, devien patir molt. Si parlaven dels pares així, ho feien per mi.

Els tres mesos que vaig passar amb els avis, març, abril i maig, m'han deixat un gran record. Pot semblar estrany, però el fet de viure amb tres vells, i ho escric amb sentit afectuós, em va fer molt, però molt de bé.

La mare, la veia més o menys cada quinze dies. Ens trobàvem en un bar del passeig de Gràcia. Venia sempre sola, mai amb en Valls. I parlàvem de coses intranscendents, de les classes, dels meus amics, etc. Un dia em va engegar:

—Pere, has arribat a comprendre'm?

Què havia de dir?

—No ho sé. De veritat, mare. Si vols dir si t'estimo... Doncs, sí... Potser d'una manera diferent d'abans, però.

—T'ha fet molt de mal la tragèdia familiar? —i em va semblar que aquesta frase la duia pensada, pel to amb què va dir la paraula tragèdia.

—Doncs sí.

—Més allò del teu pare que això meu, oi? —i em va semblar que ho deia amb ràbia continguda.

—Si fa no fa... Però no pateixis que ho tinc tot força assumit. Ara només penso en treure el curs, saps?

Em va mirar com si veiés una altra persona que no era el seu fill.

—T'has fet gran de cop, oi?... Em fa l'efecte que parlo amb un noi de vint-i-tants anys.

—Ha... —vaig mig riure— quatre mesos més gran si fa no fa...

Ja sabia, però, què volia dir i jo també em notava més gran. Havia perdut força timidesa i, vaja, em semblava saber el que volia. Almenys d'immediat.

—No vols conèixer en Jordi?

—No, no en tinc cap ganes.

—Vine un vespre a sopar, Pere, veuràs que és molt diferent de com te l'imagines...

—Gràcies, però no el vull conèixer...

I no vaig pas anar a casa seva; vivien en un carrer de Sarrià.

Ha... Si em vol conèixer que vingui aquí a

Greenville, els Simpson li faran una gran rebuda.

Una tarda vaig entrar a la botiga de discos del... de l'amic de la Mercè. Ella sí que vaig trobar que s'havia fet gran. Físicament estava esplèndida, maquíssima i vestia amb un estil molt modern, amb un jersei enorme i una gran bufanda vermella. Tractava els clients amb gran desimboltura i jo pensava que veia una altra persona. Em va dir que era molt feliç i em va deixar escollir tres discos, que enmig de bromes, rialles i copets a l'espatlla es van convertir en sis. Sense pensar-ho gens li vaig preguntar:

—Mercè, trobes a faltar els pares?

—No —em va dir secament—. Per mi és com si ja no fossin d'aquest món. I tu?

—Què et diré? De dia, no. Entre l'Institut i els avis, no hi penso. Els avis són magnífics...

—Sí, són molt bona gent... Un dia els aniré a veure.

—Algunes nits abans d'adormir-me sí que em recordo dels pares. Més d'ell que de la mare...

Es va posar seriosa i va prendre un aire com de mare.

—És clar, tu ets més jove i encara no has trobat l'amor... A veure quins discos has escollit? «The police», els «Queen»... «Heavy metal»...

A l'Institut les coses van fer un tomb. Perquè «empollava», evidentment, i m'ho treia tot. La Mònica em tractava com un més de la classe i en el fons me n'alegrava. Si ella m'hagués buscat l'hauria defugit. Els companys mai no em van dir res del que havia passat a casa i jo sé que ho sabien i els «profes» tampoc, menys en «Foques», és clar. Quan me'l trobava fora de classe sempre deia una o dues frases que per a mi representaven molt.

—Ep! Com anem Molins?

—Mira...

—Ho vas superant, oi? És clar que sí, «xava»!... O bé:

—Molins, tres notables en aquesta avaluació... Treballa les «mates», que desafinen!... Escolta que en saps res, del teu pare?

—No...

—Bé, què hi farem. Ànim, que te'n sortiràs.

Del pare sí que en vaig saber poc després. Era a finals d'abril, exactament el dia de Sant Jordi, perquè em vaig estar una bona estona xafardejant les parades de llibres de la Rambla i esperant a veure si s'organitzava alguna manifestació de la Crida i hi havia «jaleo», no, aldarull, que sempre m'ha agradat contemplar-ho... des de lluny.

En arribar a casa. A casa? La meva casa tancada, però sí, sí, a casa, a casa dels avis, l'àvia em va donar una carta tancada.

—L'ha duta un senyor estranger. M'ha dit que era suís i que coneixia en Jaume, el teu pare. Ha dit que demà passat passarà a les sis per si volem contestar... Nosaltres també n'hem rebuda una.

Em vaig fixar que tenia els ulls enrogits. Aquella tarda sí que devia haver plorat.

I jo també ho vaig fer, de llàstima i de ràbia. Però va ser la darrera vegada i la carta, ara la tinc al davant per copiar-la, per transcriure-la, i ja no m'emociona. Tot i que aquí a Greenville no n'he rebuda cap d'ell. Potser els avis no li han donat la meva adreça. Ja els ho preguntaré.

La carta del pare diu:

«Estimat Pere:

Què tal, com estàs? Desitjo que els estudis a l'Institut et vagin bé i que et diverteixis amb els teus amics. Ja has acabat de llegir aquell llibre que duies entre mans quan jo vaig marxar? ¿Com es deia? *Pilar Prim,* oi?

Pere, sentia necessitat d'escriure't per sincerar-me amb tu. Sé que no podràs comprendre el meu comportament, però, almenys vull, Pere, i és molt fort que un pare hagi de demanar això al seu fill, que no em recordis amb menyspreu.»

Vaig deixar de llegir. El meu pare em demanava que no els menyspreés. Era molt fort... No gosava ni demanar, com feia la mare, que el comprengués... No s'havien girat els papers? Els pares demanaven al fill comprensió i benvolença? Recordo que vaig pensar que quan era petit, el pare i la mare ho eren tot per a mi, els tenia dalt d'un pedestal i els venerava. I suposo que deu ser normal que més endavant descobreixis que són com tothom, vull dir que tenen les seves coses bones i també dolentes... Però en el meu cas, m'havien de demanar que no fos dur amb ells?

«Començo per explicar-te les meves relacions amb la teva mare. I deixo una història que va passar fa molt anys, una infidelitat que vaig oblidar completament. No, la Mercè i tu éreu molt petits i mai no he tornat a parlar de l'assumpte.

Fa uns quatre anys les relacions entre l'«Angus» i jo es van anar deteriorant. De qui n'era la culpa? Sincerament crec que de tots dos. Quin n'era el motiu? Hi he pensat molt i no he arribat a cap conclusió. Jo treballava molt. Això, ho devíeu notar tu i la Mercè. Treballava matí i tarda i alguns vespres encara duia feina a casa. La veritat és que necessitàvem molts diners per a la casa, per a vosaltres i per a l'«Angus», que jo volia que estigués contenta i que no li faltés cap peça de roba que volgués comprar-se, ni cap caprici... Però jo em cremava per dins perquè notava que m'obligava a treballar i que mai no seria un triomfador, un home que es meresqués l'admiració i la consideració dels seus amics i dels socis d'aquell famós club de tennis que eren d'una condició social més alta que nosaltres. Et seré sincer com fa anys que no ho he estat amb ningú... Em cremava per dins i m'amargava a poc a poc perquè notava el meu fracàs... Per molt que treballés mai no podria superar la barrera que representava únicament guanyar uns milers de pessetes de més.

I també et sóc sincer. Jo no vaig preocupar-me prou de la mare, però ella tampoc no va fer res per intentar ajudar-me.»

Em vaig passar la màniga pels ulls perquè veia mig esborrades les lletres, aquella escriptura petita i estreta que el pare feia. I, llavors, no ho entenia... Sí, sí que ho entenia... La mare m'havia dit que ella no en tenia prou amb les coses que el pare li regalava, que necessitava quelcom més. I per què no s'ho deien? Per què no en parlaven? Com és possible que entre els matrimonis grans s'arribi a formar un mur que els impedeixi parlar?... No vull jutjar-los. No puc jutjar el seu cas.

Vaig continuar llegint, cada cop estava més deprimit.

«Pel que fa als diners que he tret d'Espanya, la cosa va anar així. Ja saps que a mi m'interessava que importéssim, vaja, que importessin els amos del negoci, uns Toiotes que jo sabia que es vendrien bé a Catalunya, a Madrid i en alguna altra ciutat espanyola. Eren vint-i-un cotxes en tres remeses durant tres anys. Aquest era el pla que havíem fet amb el senyor Pérez i el seu soci, amos del negoci. Els hauríem importat, via París tal com fèiem sempre i vaig preparar l'operació durant l'octubre i el novembre. Quan tot estava a punt en Pérez, el molt fill de... em va dir que anés a Suïssa i que ingresés el taló de cent milions, no eren ben bé cent, era una mica menys, en un compte corrent d'un banc suís. Ell els trauria a poc a poc per a fer els pagaments dels cotxes i guanyaria els interessos. A mi, em donava el deu per cent de l'operació.

Vaig veure que la meva comissió era massa grossa si es tractava d'un negoci legal, però vaig acceptar.»

O sigui que el pare, era milionari a Suïssa? En aquest punt estava ben desconcertat...

«Fixa-t'hi, Pere, que vaig ser imbècil! Sabia al que m'arriscava i en Pérez, el molt... em va dir que per a cobrir el risc no donarien cap resguard que ell ja confiava en mi. Pere, he comès un delicte i no he vist ni cinc de la promesa comissió. Sóc un delinqüent i un estúpid.»

El pare un delinqüent! I és veritat, va fer una acció castigada amb la presó... Sentia llàstima que es barrejava amb indignació contra aquest Pérez i contra el pare... Ara ja no podria dir mai més, pobre pare!...

«Quan vaig adonar-me de tot era tard... Ni triomf, ni apartament a Llafranc, ni res de res. M'havia convertit en un delinqüent que no podria tornar a entrar a Espanya...

Aquí, a Suïssa, ara ja no m'amago. Faig alguns treballs que procuro que siguin honrats per pagarme un passatge a Brasil, que és un refugi per a la gent que es troba en casos semblants al meu...

No sé pas què faré més endavant. Més ben dit, Pere, no tinc futur, sempre aniré donant tombs d'un lloc a l'altre. A vegades somio que a Brasil els negocis m'aniran bé i podré reunir la quantitat de diners que vaig evadir i podré tornar a Espanya, però sé que és somiar.

D'altra banda ni que tornés i em lliurés a la policia, aniria a la presó i en Pérez i el soci es quedarien tan tranquils perquè a ells no els poden provar res... I tenen els milions a Suïssa.

Pere, pensa el que vulguis de mi, però si un pare que ha comès un delicte encara pot demanar alguna cosa al seu fill, et suplico que estudiïs i que el dia de demà treballis honradament. Si alguna cosa meva et pot servir és l'exemple.

Rebràs notícies meves per mitjà de cartes portades a mà.

Pere, rep una abraçada molt forta i pensa que jo t'estimo molt.

El pare

Ah, en contestar-me envia'm l'adreça d'on puc escriure a la Mercè.»

L'endemà vaig donar la carta a en «Foques» perquè la llegís.

—Tant de bo no t'hagués escrit... Si et desmuntes, Molins, t'inflo la cara —i em sacsejava les espatlles—. Ara que ja ho tenies gairebé superat... Escriu-li curt. Contesta-li i digues-li que has patit, però que estigui tranquil que estàs bé i que penques molt. I que no jutges ningú ni la mare ni ell... Vaja, si et sembla...

—Saps, «Foques» —va mig somriure i no em va dir res pel mal nom. Se m'havia escapat—, torno a pensar en aquella pel·lícula de la senyora X i del senyor Y...

—És natural. Mira, «xava», si vols et repetiré el que t'he dit tants cops, però no cal, ja saps el que has de fer i a més has vist que et donava bons resultats... Ah, i si la propera avaluació no aproves les «mates» amb en Vallespir, ens veurem les cares...

11

PRIMER el suggeriment de l'avi no em va fer ni fred ni calor, em va deixar indiferent i, fins i tot, no el veia amb gaire bons ulls.

—Pere, es veu que hi ha força nois i noies que van a estudiar el COU als Estats Units.

—Sí, ja ho sé, de vegades hi ha anat algú de l'Institut.

—I a tu, no t'agradaria? És l'oportunitat d'aprendre bé l'anglès per tota la vida i segons la carrera que estudiïs et pot fer molta falta.

—És molt car anar-hi... I a més, aquí tinc els amics...

L'avi féu com si no m'hagués sentit.

—Per a tu representaria un canvi d'ambient, l'allunyament d'aquests problemes que tu... Que tots hem viscut... Coneixeries nova gent, nous paisatges...

—Mmmm...

—Em sembla que deies que era car. Tens raó, nosaltres no t'ho podríem pas pagar tot, però amb l'ajut d'un amic de la Conselleria d'Ensenyament, potser es podria obtenir una mitja beca de l'Institut d'Estudis Nord-americans.

—És que no en sé prou, d'anglès, avi.

—Ja he pensat en això i els ho he dit... No seria un greu inconvenient perquè et farien una prova especial al cap de tres mesos que condicionaria el teu final de curs allà.

Els ulls li brillaven amb una guspira d'il·lusió. Quin home que era l'avi! Vaja, quin home que és! Tot seguit se'm va ocórrer que ell i l'àvia deixarien de fer un viatget, del que parlaven sovint, perquè jo pogués anar als Estats Units. Canviarien la seva Itàlia on havien anat de viatge de nuvis, i quants anys que devia fer!, pel meu anglès.

—Vols pensar-t'ho?

I jo, que era tan cagadubtes uns mesos enrere, em vaig decidir de cop. Si més no, ho faria per ells.

—Sí... Aniré a fer el COU als Estats Units.

—Pensa-ho tot avui i demà començaré a fer els tràmits...

Era deixar l'Institut, en «Bufa» amb les seves ironies i, de tant en tant, amb les seves poca-soltades, en Quintana, la Trini, la Mònica, i deixar-la, potser era llavors el que em sabia menys greu, i en «Foques». Aquest sí que el trobaria a faltar. Aquell somriure amagat pel mostatxo i la paraula justa, sempre, que t'animava. D'altra banda era suggestiu el pla; un ambient tan diferent, nova gent, nous amics, noves matèries de classe...

Em vaig fer càrrec que de moment tot eren castells a l'aire... O haig d'escriure castells en l'aire?... Sempre les fallo les preposicions, i em vaig fer el propòsit de no obsessionar-me amb la idea. I ho vaig aconseguir. Ara em dominava molt a mi mateix i sabia concentrar-me en les coses que m'interessaven: en aquell moment tirar endavant les «mates».

I en «Vallespirnoff» em va ajudar. A mi i de retop a d'altres. L'home tenia el costum de fer a mitjan maig una prova per a aquells que anaven malament. Era forta i si la superaven, puntuava el mateix que la resta de la mitjana del curs. Tots els «profes» del seminari de «mates» la feien perquè els de «mates» acostumen a anar... Ha... Ha... matemàticament units. Bé, el curs passat, i no s'havia vist mai, va convocar dues d'aquestes proves abans de l'examen final. Era donar-nos dues oportunitats i com acabo de dir els altres «profes» de «mates» també ho van fer. Jo sabia que era a causa del meu problema i perquè pogués anar als Estats Units amb tot aprovat, condició indispensable perquè em concedissin la mitja beca. Suposo que en «Foques» li devia haver parlat. Vaja, n'estic segur. I de la classe només ho va endevinar la Mònica, que m'ho va comentar un dia a soles tot i que a ella no l'afectava la prova.

Bé, el resultat va ser que aquell any, l'any passat, a l'Institut, de tots els cursos van aprovar les «mates» un vuitanta per cent, cosa mai no vista. Jo també. Vaig treure un cinc vuitanta-sis que a l'avaluació final es va convertir en un «bé».

I ara que escric sobre notes diré que em van caure al final tres notables, la resta «béns» i un aprovat d'història. En Páramo va mantenir el seu malhumor i l'avorriment de les explicacions durant tot el curs i, és clar, es va reflectir en els resultats globals de la classe. Recordo que el mes de maig corrien uns versets, que em sembla que eren d'en «Bufa», malgrat que ell ho negava a tort i a dret que deien:

Oh, Páramo, Páramo
donde no crece ni un álamo
nos sometemos, gran amo
y que te den por el...

Els tràmits per a obtenir la mitja beca van ser laboriosos. Els avis no paraven de parlar-ne i ell, l'avi, anava cada matí amunt i avall, de la Conselleria d'Ensenyament a l'Institut d'Estudis Nordamericans, i la il·lusió em semblava com si li transpirés a la pell. I em van concedir la mitja beca.

En la prova de nivell d'anglès, abans de marxar, vaig quedar el penúltim. El qui estava per darrere meu també va anar als Estats Units, però ell pagava el curs sencer, és clar. A mi, em va tocar anar a viure amb una família de Greenville, tal com he apuntat diverses vegades abans, a uns cent quilòmetres escassos de Dallas. Per aquelles carreteres tan dretes la capital quedava a una hora de cotxe, això si no trobaves camions. Perquè una de les coses que he après aquí és de conduir i els Simpson em deixen sovint el cotxe, el vell, el de Mr. Simpson, mai.

A mi, em va fer gràcia anar a Dallas. Ja em veia en un ambient com el d'aquella pel·lícula de la «tele», aquella tan dolenta, on tots es fan la mar de pu..., vaja de males jugades. Potser n'aprendré i tot, de tenir mala llet, em deia mirant la cosa pel costat còmic. Ho vaig saber a primers de juny i ens embarcàvem al Prat, a l'aeroport, el dia quinze.

Els companys de classe em van fer un munt de bromes, sense mala intenció però. En «Bufa» només em parlava amb veu de nas i estrafent l'accent dels americans.

—Oh, querrrido, és perrrquè t'hi vagggis acostumant...

Un dia a la classe d'en «Foques» em van fer un regal. Un paquetet ben embolicat, amb diverses capes de paper, i a dins hi havia una crema antiberrugues amb un paperet que deia: «Posa-te'n cada vespre, per si les cèl·lules de la nàpia d'en Reagan són encomanadisses». És clar, era quan havien operat un parell de vegades el nas del president dels EUA. I, amb una subscripció popular de la classe, em van regalar un barret d'ales amples, i paraula que el porto perquè aquí, hi peta un sol de justícia!

A casa, l'àvia només em comprava mitjons i calçotets. Mai no n'havia tingut tants per a estrenar. Pobra dona. Em semblava que tots dos s'havien rejovenit de tant de bòlit com anaven.

—Àvia, suposo que aquests Simpson també deuen rentar la roba de tant en tant...

—Pren-los, Pere, no se sap si et faran falta...

L'últim dia que vaig veure la mare, al bar del Passeig de Gràcia em va donar uns quants dòlars. No vaig preguntar-li d'on els havia tret.

—Té, en tindràs un quant temps per a la butxaca... Ah i en Jordi et regala això...

En un paquetet embolicat amb paper de regal hi havia un clauer amb una pistoleta en miniatura i una estrella de *sheriff*, totes dues coses de plata i molt ben fetes.

—Vols conèixer en Jordi? Vine a sopar, el coneixeràs i t'acomiadaràs...

—No. No vull venir a sopar a casa vostra. Dóna-li les gràcies pel regal, és molt bonic...

—Així, encara no em perdones?

—Jo!... No t'haig de perdonar res... No vull jutjar...

—Però em comprens?

—Si ets feliç ja m'està bé, mare...

No sabia si fer-ho, però li vaig donar una fotocòpia de la carta del pare. La va ullar i em va semblar que volia aparentar indiferència, la va guardar a la bossa de mà tot comentant:

—Em sembla que ja és prou gran per saber el que es feia... De totes maneres li desitjo que tingui bona sort.

El director de l'Institut d'Estudis Americans ens va rebre i ens va dirigir la paraula als de l'expedició. Ens va dir, i com s'assemblava el seu accent al que escarnia en «Bufa», que coneixeríem una cultura diferent, molt jove i dinàmica i que creia que aquestes estades contribuïen al bon enteniment dels dos pobles i etc., etc. Ah, i ens va donar unes pastes i per a beure Cola-Cola. «Ja comencem», vaig pensar, però naturalment no vaig dir res.

Uns dies abans de marxar també vaig anar a veure la Mercè. Vestia tan moderna com sempre i en «Rafa» amb el mateix estil. Ja està bé, crec, per a vendre discos de la darrera música i dels conjunts més actuals.

—*Hello, my american boy* —em deia la Mercè.

I ell també estava molt de broma. Em volia regalar un cartró de tabac Philips i malgrat que mai no he fumat el vaig acceptar per repartir-lo als de la classe que fumen. Vam quedar que ens escriuríem.

—I el pare, que t'ha escrit, Mercè?

—No, no deu saber la meva adreça.

No li vaig dir que li havia enviat.

—Té, queda't aquesta fotocòpia de la carta que vaig rebre...

Els ulls se li ompliren de llàgrimes i va entrar al lavabo de la botiga per arreglar-se el maquillatge.

—Si en saps alguna cosa m'ho diràs, oi, Mercè?

I va arribar el dia que marxava als Estats Units. Havia d'anar amb avió, primer fins a Nova York i després agafar-ne un altre fins a Dallas. Els altres companys de viatge, de Nova York s'escampaven per tot el país. Serien moltes hores en avió i jo no havia volat mai. Estava força escagarrinat i les tres primeres hores de vol vaig anar tres cops al wàter de l'avió a fer un riu, després em va agradar i tot volar. Els avis eren a l'aeroport i l'àvia m'havia preparat un entrepà per al viatge. Jo sabia que ens donarien dinar i quan ella no em veia el vaig passar a en «Bufa», que sempre té un budell buit.

De la classe en van venir cinc a acomiadarme, els més amics, la Mònica també. Ah, i en «Foques»... Si en va dir de ximpleries, vull dir de coses divertides i és que se'l veia molt content de veure'm, a mi, tan serè. Deia: «Vigila que no et quedi la boca torta de tan menjar xiclet i les cames garrelles de tant de muntar... Ep! A cavall, s'entén!»... «Si trobessis petroli envia'ns un telegrama que vindrem tots i ja s'haurà acabat de llegir la *Pilar Prim* i altres "rotllos" semblants». Ens hi partíem de riure.

La Mònica va aprofitar un moment de l'espera, que va ser llargueta i em va dir:

—Ja no penses en aquella pel·lícula de la senyora X i el senyor Y, oi?

—Em sembla que no...

—Escolta, si hi hagués algun grup, allà on vas, que treballés per al Tercer Món, envia-me'n informació, eh?...

I la veritat és que després, quan vaig dominar una mica l'anglès, he discutit força amb companys americans de la *School* sobre Nicaragua i l'Amèrica Central. Ells es creuen a ulls clucs tot el que els diu la «tele» i els diaris. I penso que és a l'inrevés de Catalunya on, per principi, ens malfiem de les notícies.

Al darrer moment a l'aeroport van venir la mare i en Valls. Ell va tenir la delicadesa, per dirho així, de quedar-se lluny del grup i amb la mare ens vam dir poques coses. Em va desitjar sort i que m'ho passés bé.

En pujar a l'autocar que ens havia de conduir a les pistes vaig notar una cosa que em pujava per la gola i m'espurnejaren els ulls. Va ser un moment, només. Durant el primer vol vaig veure la pel·lícula que projectaven que era del Far-West, potser per anar ambientant la gent, bé, per ambientar-me a mi que anava a Dallas. També vaig dormir i vaig llegir alguna revista per començar a practicar l'anglès. En una hi havia un article sobre enginyeria molecular que em va interessar de debò. El vaig llegir tot i vaig demanar a la «safata», no, l'«assafata», tampoc, que ens ho havia dit en «Foques», la mossa de l'avió, si me la podia quedar i somrient, totes tres somreien sempre, em va dir que sí. Ara, aquí a Greenville en sé més del tema, que m'interessa gràcies a l'Edward i a algun llibre que m'ha deixat. Anem per passos, però.

12

ELS SIMPSON són un matrimoni jove que tenen dos fills, un nen de quatre anys i una nena de dos. I, segons ells, diuen que ja han acabat la feina en aquest aspecte de fer nens. Ell treballa en una companyia d'assegurances i ella, i és curiós perquè el fet recorda els films de la sèrie *Dallas*, en una companyia de petroli de les que en diuen independents, que són les petites. Són alts i rossos, sobretot els nens, que semblen sortits d'alguna postal o d'aquelles nadales que circulen per Europa i que són tan cursis.

Em van acollir a mi per tractar amb un europeu i em sembla que per la meva estada cobren menys del que és habitual, he cregut endevinar. Vull dir que viuen bé, no van curts de diners i com que ella té uns bons per a gasolina hem fet moltes excursions.

Ell, Mr. Simpson, i mira com és, vol sentir-se com un anglès, fins al cap de tres setmanes no em va dir de tutejar-lo i dir-li John. Ella, Mary, de seguida va voler que la tutegés. John presumeix de conèixer coses d'Europa i, el fet és que sabia què era de *Catalonia* i que no és terra de flamenc ni de braus. A la *School* hi ha nois que em diuen *toreador!* i no tenen ni idea de la situació de *Spain*, la busquen al mapa pel nord d'Àfrica.

La casa on vivim encara l'estan pagant i aquesta és la seva obsessió. Quan quedin lliures del pagament faran un viatge a Europa i deixaran els nens amb uns avis que tenen una granja prop de Greenville. La casa és d'aquestes molt modernes de construcció, de planta baixa i pis, còmodes i amb un petit jardí. Aquí n'hi ha moltes així. Per dins la volen decorar amb mobles que imiten ser antics i a mi, tot i que no hi entenc, em sembla una decoració força «hortera», perdó, de mal gust. Que diferent de casa dels pares al carrer de Mallorca o de casa dels avis al carrer de Ferran.

De menjar bé, no en tenen ni idea. Mare de Déu que lluny que són aquelles faves de la Tata i els *vol au vent* de l'àvia. Com una gran cosa un dia em van fer arròs a la paella, de llauna, ep! I l'home, en John, va comprar unes ampolles de sangria i estaven més contents!

La *School* malgrat ser petita, té uns bons laboratoris de química i els ordinadors van a dojo. A casa dels Simpson, també. Cada diumenge, com un ritual, John i Mary programen el que han de fer durant la setmana i cada vespre es miren l'ordinador. Ho fan al vespre perquè treballen a Dallas, ciutat que no val res, malgrat tenir algunes cases del segle passat, monuments dels quals estan ben orgullosos.

A la *School* les matèries són de ciències, menys la literatura nord-americana i la història universal que la donem per mitjà de molts vídeos i gairebé gosaria dir que millor que no ens la donava en Páramo. Els companys són molt correctes i he fet una relativa amistat amb una noia, Annie, que és molt d'aquí, però molt sincera i interessada per les coses meves i d'Europa. La Flowers és la noia de la *School* coneguda per tots els companys... Ha... Ha... Això de coneguda i sabuda de memòria té un doble sentit, bé, ja s'entén. La resta dels nois i les noies tenen una vida molt metòdica i unes afeccions molt estàndards, vull dir que tots fan el mateix, anar en cotxe o en aquelles motos trucades i de manillar alt, muntar a cavall i veure molta «tele» i cinema. I de beure, amb «b» alta, Coca-Cola a dojo. La veritat és que no són gens beneits, però em sembla que tenen poques iniciatives.

El curs, en general, em sembla més fàcil que el nostre COU, el de Catalunya, malgrat no haver-lo fet, ho dic pel que explicaven els grans de l'Institut. Ara, que de l'anglès ja me'n surto, «empollo» «filo» i biologia perquè em van enviar una circular que diu que en tornar a Catalunya haurem de fer l'examen de selectivitat...

Tornar? No sé pas si tornaré el proper mes de juny o em quedaré alguns cursos més als Estats Units, suposo que a Greenville no, que em floriria la lepra, en algun altre lloc. I és que em passa el següent.

El germà gran de l'Annie, la noia que he conegut i amb la qual surto, que li porta set anys, perquè ells són cinc i tot el poble els assenyala amb el dit com un cas raríssim; l'Annie és la quarta. Doncs, el germà gran ha estudiat biologia i ja ha acabat la carrera. Treballa en uns laboratoris mèdics de Dallas i fa investigació sobre els gens i la molècula. Em deixa anar-hi quan vull i el director del laboratori també. I és que els americans, els del carrer, són bona gent i treballen que dóna gust. S'interessen pel que fan i sempre que poden t'ajuden. A mi, en Bob, el germà de l'Annie, m'ha deixat llibres sobre la qüestió i vídeos que també interessen Mr. Simpson, i els comentem plegats. Jo en sé més, per això. I ara fa un mes que en Bob em deixa observar i em comenta els preparats microscòpics que ell fa, i el director del laboratori em parla del camp de les mutacions genètiques que es podran fer, en el futur, és clar. És un món fantàstic! Un *microcosmical world* tal com diu en Bob i crec que m'interessa de debò... Ja veurem què faré...

El problema meu de la família? El pare no m'ha escrit i no en sé res. Sincerament, m'agradaria saber-ne coses. Deu ser al Brasil? La mare m'escriu un cop el mes i gairebé només em parla del seu Jordi. Pau i que duri. I els avis ho fan molt sovint i jo els explico la vida d'aquí i me la comenten, per carta, naturalment. Noto que estan molt satisfets amb la meva estada als Estats Units. La Mercè també m'ha escrit un cop. I si en deia de «xurrades» en pla de «co...». Sembla que li va bé i me n'alegro. El meu problema, i quina raó que tenies «Foques», perquè ara sí que estic convençut que et faré arribar aquests fulls i sé que no et defraudaran gaire en el sentit literari, ja que noto que em surt l'estil més lleuger i fluid que al començament.

Quina raó que tenies «Foques» amb tot el que em vas dir! I saps què em va passar? i jo no sé pas com penses en qüestió de religió perquè curiosament mai no en vam parlar, però a mi em va fer reflexionar serenament.

Els Simpson són força religiosos. Pertanyen a l'Església Cristiana Evangèlica i tenen el costum d'assistir als actes dels diumenges i algun cop els acompanyo. Però no, el que et vull narrar és el següent. Duia dos mesos aquí i ja m'expressava en anglès per poder tenir una conversa llarga i els vaig explicar el meu problema de Barcelona. Ella, la Mari, em va abraçar tan fort, que em neguitejava i tot, perquè em va enclastar els pits durant una bona estona a la cara i ell, sense dir res, es va alçar. Va anar al pis de dalt on té el seu estudi, el de tots dos, i força llibres i va tornar amb una Bíblia. Passà les pàgines ràpidament fins que va assenyalar amb el dit un punt i digué:

—És aquí... «Jesús va dir als qui el seguien: No perdeu el temps, deixeu els morts que enterrin els morts. Vosaltres teniu un camí»...

Ben cert que el pare i la mare per a mi mai no són ni seran morts, però sí que penso en ells com si els veiés en una fotografia antiga, molt antiga... Els tinc presents, però els perfils se'm van esfumant.

«FOQUES», ara he rellegit aquests fulls que t'arribaran per correu aeri. El paga Mr. Simpson. He posat accents que se m'havien escapat, però no he volgut retocar res de la redacció. I ara penso allò que tu sempre ens deies: «Nois, el títol d'un escrit ha de ser el darrer que s'escriu». I no sé pas quin títol posar-hi... «Quin curs tan bèstia!». No m'agrada gens. «Quina merda de curs!». Tampoc, no respon ben bé al que em va passar. Mira, hi poso. «Quin curs, el meu tercer!». Ja em diràs quelcom de tot plegat, del text, és clar.

Greenville. Estat de Texas.
Març del 86. Pere Molins

«Foques», t'envio també una carta per a la Mònica. Així m'estalviaré un segell... Ha... Ha... Es veu que encara em sento català i estalviador. O potser és que no vull regalar uns quants penics al govern dels Estats Units.

I què fan en «Bufa» i en Quintana? Els tens aquest curs? «Empollen» força? I, en «Bufa», continua tan divertit com abans? Digue'ls que els escriuré... Deixa'ls llegir aquests fulls, no em fa pas res, m'agradarà i podem comentar-los quan els torni a veure... Quan serà?... «Foques», una abraçada.

Pere

ESTIMADA MÒNICA:

He dubtat un moment com encapçalar aquesta carta. No creguis que «estimada» sigui una fórmula únicament, tal com aquí diuen *dear.* És una mica més, Mònica. El curs passat quan vam sortir després d'aquella excursió a Empúries, te'n recordes?, em vaig enamorar de tu.

La teva manera de parlar, els temes que tractaves i, fins i tot, que em fessis algun bes, que em sembla que van ser tres o quatre, tot plegat era una novetat per a mi. I és que jo era, en començar el tercer curs, molt petit. I tu, Mònica, vas ajudarme a fer-me més gran... No sé com dir-t'ho, ara em sento més madur, tinc més recursos per a dominar els meus sentiments, paraula... I no pensis: en Pere s'ha tornat «fanfa» des que és als Estats Units, perquè no és veritat.

Si ara tornéssim a sortir, potser el curs que ve o dintre d'uns anys, em sentiria més segur i podria seguir la teva conversa, sense fer el babau.

El que vaig sentir per tu, era amor? Noia, no ho sé pas. Llavors jo creia que no hi podia haver amistat entre un noi i una noia si no s'enamoraven o almenys si no s'agradaven, i alguna nit, quan va passar allò de la mare, fixa't que jo em preguntava que si mai ens arribéssim a casar si podria passar quelcom semblant... Te'n rius? Jo ara sí. En fi, Mònica, que t'estimo, però com estimo les coses que he deixat a Catalunya.

No sé pas quan tornaré, perquè la família amb els quals visc, els Simpson, que són excel·lents, bona fe i innocentots com molts nord-americans del carrer, m'han informat que el seu govern concedeix beques a estrangers perquè facin estudis superiors. I cada vegada m'interessa més la biologia, la genètica. I penso que en bona part deu ser influència d'aquella bona professora de ciències naturals de l'Institut, perquè em sembla que un bon professor, vulgues o no, t'ajuda a interessar-te per una matèria.

Aquí els companys de la *School* són diferents de la colla de l'Institut com la nit al dia. De veritat. Són simpàtics i afables, però no aprofundeixen les situacions. Sobretot en política. Estan convençuts que el seu sistema és el més perfecte i es creuen tot el que diuen els polítics per la televisió. I es passen hores i hores veient-la, fins i tot m'estranya que no tinguin la cara quadrada.

El qui a vegades trobo a faltar és en «Foques». Hi ha cops que em pregunto: què em diria en «Foques»? què m'aconsellaria? De totes maneres, ara no em fa por prendre les decisions per mi mateix, ja et deia que em sento més segur.

Mònica, encara t'interesses pels problemes del Tercer Món? Suposo que sí i fixa-t'hi, des d'aquí, si vols veure el contrast entre la riquesa col·lectiva i la misèria col·lectiva, et quedes impressionat. ¿Te'n recordes a segon que el «profe», en Bardés, ens donava geoeconomia? ¿Aquell a qui dèiem en «xemeneia» perquè sempre anava amb la pipa a la boca i que a cada moment parlava dels països del centre econòmic mundial i els de la perifèria econòmica? Doncs és ben cert. Mira, quan l'erupció del volcà de Colòmbia, no recordo com es diu, tots els companys de la *School* ens vam mobilitzar per recollir diners i productes... Una cosa semblant al que es va fer, i tu hi vas treballar molt, a Barcelona quan la «Crida» va ajudar Etiòpia i Nicaragua. Doncs jo també vaig «pencar», però els deia: «i el vostre govern continuarà comprant l'estany i el cafè i tot el que necessiti al preu que li doni la gana, i els accionistes de les companyies multinacionals els ajudaran molt, ara, però no els deixaran pas nacionalitzar les companyies». I, fixa-t'hi, els companys no m'entenien... Deien, els babaus, que una cosa no té relació amb l'altra. En fi, i les discussions sobre Xile i en Pinochet són interminables... Ells, si el president d'USA diu que en Pinochet, el molt cabró, és un bon home... és un bon home i s'ha acabat.

Mònica, no escric més perquè ara vaig al laboratori que en Bob, un amic meu més gran, ha fet una preparació molecular al microscopi electrònic i me la vol ensenyar i a mi m'interessa molt veure-la.

Escolta. Digues a en «Foques» que et deixi llegir tots els fulls que li envio. No em fa res, al contrari, Mònica, ja m'escriuràs.

Una abraçada.

Pere

Col·lecció

GRAN ANGULAR

Títols publicats

1 *Els escarabats volen al capvespre*, Maria Gripe
2 *El passat ha quedat enrera*, Anke de Vries
3 *L'abric verd*, Maria Gripe
4 *Els nois de Dublín*, Jean-Claude Alain
5 *El món de Ben Lighthart*, Jaap ter Haar
6 *Quin curs, el meu tercer!*, Oriol Vergés
8 *Frederic, Frederic, Frederic*, Emili Teixidor
9 *El misteri dels Farrioles*, Maria Lluïsa Amorós
11 *Canya Plàstica*, Dolors Garcia i Cornellà
17 *Còmplice*, Anke de Vries
20 *... en un lloc anomenat Terra*, Jordi Sierra i Fabra
21 *Martín i Lara*, Werner J. Egli
22 *Croada amb texans*, Thea Beckman
23 *El soldat plantat*, Emili Teixidor
26 *La cursa final*, Tessa Duder
28 *Dietari secret*, Maria Lluïsa Amorós
29 *El secret del Falcó*, Anthony Horowitz
34 *Mare, qui ets?*, Rosemarie von Schach
36 *L'Estret del Temps*, Pere Pons i Clar
40 *Escrit a l'ordinador*, Francesc Sales
42 *Què farem, què direm?*, Pep Coll
43 *El jove Lennon*, Jordi Sierra i Fabra
44 *Ebre avall*, Josep Lorman
47 *El meu amic Pau*, Francesc Sales
49 *¡Mai no moriràs, Gilgamesh!*, Pere Morey
50 *¡Frena, Càndida, frena!*, Maite Carranza
53 *Memorial de Tabarka*, Ponç Pons
56 *La nit dels noumóns*, Gisela Pou
57 *L'esbudellador de l'Eixample*, Xavier Vernetta
58 *Un amic a Sud-àfrica*, Lynne Fairbridge
59 *El primer tren*, Oriol Vergés
60 *Eclipsi solar*, Josep Frederic Pérez
62 *A l'ombra de Xiva*, Nina Rauprich
64 *Nocturn*, Josep Górriz
65 *D'on véns, Jan?*, Maria Lluïsa Amorós
66 *L'enigma del laberint*, Sissi Flegel
67 *La dimensió del Bosc Humit*, Josep Lorman

68 *La filla del llop*, Gillian Cross
69 *Ets galàctica, Carlota*, Gemma Lienas
70 *Cinquanta mil peles per un bigoti*, M. Àngels Bogunyà
71 *Els arbres passaven ran de finestra*, Enric Larreula
72 *Entre dues tempestes*, Josep Frederic Pérez
73 *Contraban*, Miquel Rayó
74 *Males terres*, Jordi Sierra i Fabra
75 *Les portes del temps*, Mercè Canela
76 *L'enigma dels quadres robats*, Jan Terlouw
77 *El Duomo*, David Nel·lo
78 *Wendy torna a volar*, Olga Xirinacs
79 *Quin sidral de campament!*, Pasqual Alapont
80 *Les joies de la princesa berber*, Montserrat Beltran
81 *Si la sort truca a la porta*, Mirjam Pressler
82 *Per què no m'ho deies?*, David Nel·lo
83 *El cowboy negre*, Franklin Folsom
84 *Una setmana més, sisplau*, Josep Frederic Pérez
85 *Mòmies*, Olga Xirinacs
86 *Ets un geni, Quim!*, Jordi Fusté
87 *Un cadàver a Charing Cross*, Miquel Fañanàs
88 *Tretze dies i una nit*, Dolors Garcia i Cornellà
89 *Els amics*, Kazumi Yumoto
90 *La fortuna del Senyor Filemó*, Miquel de Palol
91 *Un estiu a Menorca*, Rafael Vallbona
92 *El vell que jugava a matar indis*, Andreu Martín
93 *Jordi d'Urtx*, Octavi Egea
94 *L'altra cara del mirall*, Montserrat Galícia
95 *El quart vent*, Josep Frederic Pérez
96 *La memòria dels éssers perduts*, Jordi Sierra i Fabra
97 *Confidències reciclades d'una lluitadora ecologista*, S. Barlow / S. Skidmore
98 *La meva Eurídice*, David Nel·lo
99 *Adopta un fantasma*, Eva Ibbotson
100 *Els gegants adormits*, Jaume Cela / Jordi Magallón
101 *Laura*, Núria Pradas
102 *La cançó de Paula*, Josep Frederic Pérez
103 *Víctor Jara*, Jordi Sierra i Fabra
104 *Més enllà de Chiapas*, Josep M. Morreres